Manual
de
valores
familiares

Por la Superación del Ser Humano y sus Instituciones

Manual de valores familiares

compilado por
Kristi Lee

PANORAMA EDITORIAL,

MANUAL DE VALORES FAMILIARES

Título original en inglés:
TODAY'S FAMILY VALUES HANDBOOK

Copyright © 1995 Singer Media Corporation
San Clemente, California, U.S.A.
All rights reserved.

Traducción al español por:
Gustavo Pelcastre Ortega

Primera edición en español: 1996
© Panorama Editorial, S.A. de C.V.
   Manuel Ma. Contreras 45-B, Col. San Rafael
   06470-México, D.F.

Tels.: 535-93-48 · 592-20-19
Fax: 535-92-02 · 535-12-17
e-mail: panorama@iserve.net.mx

Printed in Mexico
Impreso en México
ISBN 968-38-0558-2

Indice

Ocho consejos para gozar de un
    matrimonio feliz 7
Cómo enseñar a nuestros hijos a pensar de manera
    positiva y sentirse bien 11
Presiones sexuales: cómo ayudar a nuestros hijos
    a decir "no" 14
Cómo ser más feliz... veinte consejos para
    conservar la calma 19
Tres mitos perniciosos acerca del matrimonio 20
Cómo asegurarse de permanecer felizmente
    casados 23
Secretos de matrimonios triunfadores 26
¿Cómo califican los modales en el amor? 30
Cinco errores graves que cometen los padres
    con los adolescentes 35
¿Cómo vencer la soledad? 40
Habla Billy Graham 48
¿Los hombres realmente sufren más que
    las mujeres en el matrimonio? 53
Las seis etapas del matrimonio 57
Las esposas a dieta son difíciles 72
¿Podemos guardar un secreto? 75
Alcoholismo 77
Los niños son mi pasatiempo 83
Lo que los adolescentes me han enseñado 86
¿Cómo superar los obstáculos de la relación? 90
Manipuladores: diez formas de defendernos 93
El factor paterno: mujeres famosas educadas
    por sus padres 98

Consejos de un padre 102
Qué opinan los famosos acerca de la diversión,
    fantasías y matrimonio 104
Vida en pareja, sentimientos de soledad 106
¿Por qué mi matrimonio ha durado
    cuarenta años? 111
¿Cómo seguir enamorados? 113
¿La vida en el hogar sabotea su matrimonio? 125

Ocho consejos para gozar de un matrimonio feliz
por el doctor Daniel Amen

Son realmente muy pocas las cosas importantes en la vida para las que se necesita capacitación. No se requiere licencia para tener y educar hijos, son en verdad pocas las personas que alguna vez han sido enseñadas para administrar el dinero y somos todavía menos quienes hemos recibo una educación formal para tener éxito en el matrimonio. Adquirimos esas habilidades observando el comportamiento de nuestros padres y aplicamos el "método de ensayo y error" hecho famoso por la escuela del camino difícil.

Tener un matrimonio pleno y feliz es una de los mayores retos en nuestra existencia. Cuando se tiene éxito en el matrimonio aumenta la auto-estima y energía de la pareja; cuando la relación no marcha bien, los cónyuges muchas veces se sienten vacíos y solos. Además, la calidad del matrimonio tiene un tremendo impacto sobre los sentimientos de los hijos y la forma en que se relacionan con los demás.

A través de los años he encontrado varias directrices que me han ayudado en mi propio matrimonio y en el de mis pacientes. A continuación ofrezco un curso intensivo con ocho consejos para tener éxito en el matrimonio.

1. Tiempo. El matrimonio es muy importante como para ignorarlo hacer cambios a tiempo. Sin embargo, en nuestro ajetreado mundo, mucha gente está tan abrumada por sus compromisos que literalmente relega su matrimonio al último lugar en su lista de prioridades. En realidad, muchas personas pasan más tiempo via-

jando en su automóvil que con su pareja. Una forma segura de desintegrar un matrimonio es ignorándolo. Como un árbol, si se quiere que dé frutos grandes y sanos, hay que darle ciertos cuidados.

Primer consejo: es necesario pasar algo de tiempo a solas, sin los niños, con nuestra pareja.

2. Objetivos claros. Ante la obsesión por tener éxito material y externo, muchas personas pierden la perspectiva de lo realmente importante en la vida. Para que nuestro matrimonio funcione es importante que nuestros objetivos sean claros. Muchas veces sugiero a la gente escribir sus metas y adherirlas al espejo del baño para que las puedan ver todos los días. Cuando sabemos lo que queremos en nuestra relación marital tenemos mayores probabilidades de ajustar nuestra conducta a lo que queremos. Por ejemplo, si pretendemos que la relación con nuestra pareja sea cordial, y si vemos ese objetivo todos los días, será menos probable que critiquemos a nuestro cónyuge ante nimiedades. Las críticas provocan enojo y hacen que la gente se aleje y eso no forma parte de las metas que buscamos en nuestro matrimonio. Segundo consejo: No debemos perder de vista nuestro matrimonio y lo que esperamos del mismo.

3. Esperemos lo mejor de nuestra pareja. Nuestras "expectativas fundamentales" sobre nuestro cónyuge muchas veces determinan nuestro comportamiento hacia él. Si suponemos que no se preocupan por nosotros, entonces nos mostramos distantes o molestos, con lo que muchas veces fomentamos reacciones negativas. Cuando esperamos lo mejor, interpretamos las acciones de otros de manera positiva, si es que no tenemos razones claras en el sentido opuesto. Como seres humanos, tenemos la tendencia de escuchar lo que pensamos escuchar y no palabras verdaderas. Tercer consejo: Esperemos lo mejor de nuestra pareja.

4. Hay que dar sin esperar que nuestro cónyuge dé algo primero. Después del primer periodo de luna de miel, y muchas veces hasta antes, los esposos con frecuencia empiezan a llevar la cuenta. Frecuentemente asu-

mimos el sentido de justicia de los adolescentes pensando que no haremos nada agradable por nuestra pareja sino hasta que esta haga algo agradable por nosotros. Muchas veces esto se traduce en un juego inconsciente de espera que puede durar muchos años. El falso sentido de justicia personal es también devastador entre aquellos matrimonios en los que las parejas establecen "yo estoy bien y tú estás mal" y "si sólo fueras diferente, nuestro matrimonio marchará mejor". tales actitudes resultan bastante perniciosas para el matrimonio. Cuarto consejo: en el matrimonio hay que dar activamente, sin esperar a que el compañero dé primero.

5. Comunicación. El deseo de escuchar en realidad a nuestra pareja es fundamental para un matrimonio saludable. En mi consultorio muchas veces no dejo que las parejas hablen en *stereo*; es decir, que lo hagan al mismo tiempo. Uno de los ejercicios a los que recurro consiste en hacer que uno de los cónyuges parafrasee lo que el otro haya dicho antes de que puedan responder al respecto. Estoy convencido de que gran parte de las desavenencias matrimoniales se derivan de la comunicación deficiente y que cuando una pareja comienza a comunicarse con claridad se solucionan muchos de sus problemas. Además, nunca hay que leer la mente del compañero o suponer que sabemos lo que está realmente pensando. Quinto consejo: debemos escuchar realmente antes de contestar y aclarar todos aquellos mensajes que no entendamos.

6. Es necesario compartir el poder. Resulta importante hacer del matrimonio una relación adulta, en la que la pareja comparta el poder. Cuando uno de los cónyuges comienza a mandar, exigir o denigrar al otro, especialmente frente a los hijos, el matrimonio está en problemas. También es extremadamente importante, sobre todo en las primeras etapas de la relación matrimonial, exigir respeto por parte de la otra persona. No obstante, muchas personas, especialmente cuando tienen problemas con el conflicto, cederán ante la ira del otro y perderán todo su poder. Años más tarde,

cuando se sienten cansados de ser pisoteados, tratan de recuperar el poder, lo cual resulta difícil, por lo que deciden poner fin a su relación. Sexto consejo: hay que buscar formas de compartir el poder y estimular a la otra persona y siempre exigir respeto.
7. Debemos ver lo mejor de nuestro cónyuge. Cuando vemos y reforzamos aquellas conductas que nos gustan es más probable que detectemos más. Es totalmente ineficaz tratar de cambiar a alguien quejándonos de aquellas conductas que nos desagradan. Es mucho más efectivo sorprenderlas haciendo algo bueno y hacerlo resaltar. Séptimo consejo: Hay que observar lo bueno en nuestro cónyuge diez veces más que lo malo.
8. Benevolencia y diversión: es necesario asumir la responsabilidad de tener una actitud amable y divertida respecto de nuestra relación. Se deben recordar los primeros días de nuestra relación cuando éramos amables y considerados y cuando tratábamos de ser divertidos y mantener nuestra relación joven y viva. Cuando el galanteo culmina en la ceremonia nupcial, también se desvanecerá la emoción. Octavo consejo: Debemos cortejar de manera permanente a nuestra pareja.

Como enseñar a nuestros hijos a pensar de manera positiva y sentirse bien

por el doctor Daniel Amen

Cuando éramos pequeños, nadie nos enseñó a pensar mucho acerca de nuestros pensamientos; aunque estos siempre nos acompañan. ¿Por qué dedicamos tanto tiempo enseñando a los niños a realizar operaciones matemáticas y a leer y tan poco a pensar con claridad? Son sus pensamientos "de cada momento" los que determinan sus acciones y sentimientos. Los pensamientos negativos o infelices son los causantes de la mayoría de los problemas de nuestros hijos, ya sea con otras personas o consigo mismos.

A continuación se muestran principios detallados para "pensar de manera positiva". Debemos inculcarlo a nuestros hijos para ayudarles a tener un mayor control sobre sus sentimientos y sus actos. Tal vez hasta nos ayuden a nosotros.

1. ¿Sabía usted que..? Siempre que pensamos, nuestro cerebro libera sustancias químicas. Así es como funciona el cerebro... albergamos un pensamiento, nuestro cerebro libera sustancias químicas, se da una transmisión eléctrica en nuestro cerebro y somos conscientes de lo que estamos pensando.
2. Siempre que tenemos un pensamiento alocado, malo, triste o perverso, nuestro cerebro libera sustancias químicas negativas que hacen que nuestro cuerpo se sienta mal.
3. Cada vez que albergamos un pensamiento positivo, feliz, esperanzador o amable, nuestro cerebro libera

sustancias químicas que hacen que nuestro cuerpo se sienta bien.
4. Nuestro cuerpo reacciona de acuerdo con nuestros pensamientos.
5. Los pensamientos son muy poderosos. Pueden hacer nuestra mente y nuestro cuerpo se sientan bien o pueden hacernos sentir mal.
6. No obstante, si no consideramos nuestros pensamientos, estos se darán de manera automática o "simplemente se darán". Como simplemente se dan, no siempre son exactos. Nuestros pensamientos no siempre contienen la verdad, a veces hasta son engañosos. No tenemos que creer cada pensamiento que cruce por nuestra cabeza. Es importante considerar nuestros pensamientos para determinar si nos ayudan o nos hacen daño.
7. Podemos aprender a pensar de manera positiva y optimista o simplemente podemos dejar que nuestros pensamientos sean negativos y perniciosos. Podemos decidir entre albergar pensamientos de buena calidad y sentirnos bien o pensar de manera negativa y sentirnos fatales. ¡En verdad, depende de nosotros! Podemos aprender a cambiar nuestros pensamientos y sentimientos.
8. Una forma de lograrlo consiste en darnos cuenta cuando tenemos pensamientos negativos y rebatirlos. Si somos capaces de corregir los pensamientos negativos, podremos revertir su poder sobre nosotros. Cuando simplemente tenemos un pensamiento negativo sin analizarlo, nuestra mente lo creerá y nuestro organismo reaccionará en consecuencia.
9. Existen varias formas diferentes de "mezclar" nuestros pensamientos para volverlos más perniciosos de lo que son en realidad. Si somos capaces de aprender tales medios, podremos aprender a corregir nuestros pensamientos "mezclados". Estos son algunos ejemplos: "Pensar que las cosas siempre son así": es cuando pensamos que algo que sucedió "siempre" se va a repetir. Por ejemplo, si nuestra madre es irascible e irritable, podemos pensar, "siempre me está gritando". Aunque sólo lo hace de vez en cuando. Pero el simple pensamiento de que "siem-

pre me está gritando" es tan negativo que nos hace sentir tristes y molestos. Siempre que pensamos con palabras como siempre, nunca, todos, cada vez que estamos pensando que "las cosas siempre son así" y por lo general estamos mal. "Concentración en lo negativo". Esta situación se presenta cuando nuestros pensamientos sólo consideran lo malo de las situaciones y pasan por alto los posibles aspectos positivos. Por ejemplo, si tenemos que cambiarnos de casa, nos sentimos tristes porque dejaremos a nuestros amigos y no pensamos en los nuevos lugares que veremos y las nuevas amistades que vamos a hacer. Es muy importante si queremos mantener sana nuestra mente fijarnos más en lo bueno de la vida que en lo malo. "Premoniciones": es cuando se anticipa lo peor de las situaciones. Por ejemplo, es posible que pensemos lo siguiente antes de hablar frente a nuestros compañeros de aula: "los chicos se van a reír de mi y pensarán que soy retrasado mental".

10. Hay que recordar que estos pensamientos negativos son básicamente automáticos o que "simplemente llegan a nuestra mente". Estos pensamientos los conozco como "pensamientos automáticos negativos". Tales pensamientos son como las hormigas. Podemos imaginarlos como dichos insectos invadiendo nuestra mente y cuerpo como en un día de campo. Cuando nos percatamos de la presencia de tales pensamientos automáticos negativos u hormigas, necesitamos acabar con ellos o comenzarán a arruinarnos el día. Una forma de hacerlo consiste en escribir el pensamiento negativo y contrarrestar su efecto. Por ejemplo, si pensamos: "los demás chichos se van a reír de mi cuando dé la clase", debemos escribir dicho pensamiento y luego escribir una respuesta positiva; algo como "a los demás chicos les va a gustar la clase y les parecerá interesante". Cuando ponemos por escrito los pensamientos negativos y los analizamos, les restamos su poder y mejoramos nuestro estado de ánimo. Nuestros pensamientos y los de nuestros hijos son siempre importantes; debemos enseñarles a pensar de manera positiva para beneficiar su mente y cuerpo.

Presiones sexuales: como ayudar a nuestros hijos a decir "no"

por Carol Saline

Los padres pueden influir en los adolescentes. Sol Gordon cree que el conocimiento es la mejor arma contra la promiscuidad —y ese diálogo entre padres e hijos es la mejor herramienta pedagógica—. El doctor Gordon ha sido ampliamente reconocido por sus conferencias sobre los temas de los que muchos padres no pueden hablar en privado, y con su enfoque lleno de sentido se establece una lista de espera para sus cursos sobre sexualidad humana en la universidad de Syracuse, donde también es director del instituto de Educación e Investigación Familiar. En la siguiente conversación habla sobre las formas en que los padres pueden ayudar a sus hijos a manejar las presiones de la sociedad contemporánea.

Saline: Muchas personas piensan que, en el peor de los casos, es usted un radical y, en el mejor, un liberal. Sin embargo, el año pasado publicó un libro titulado *Raising a Child Conservatively in a Sexually Permissive World* [*Cómo educar a un niño de manera conservadora en un mundo sexualmente permisivo*] ¿Cómo se calificaría usted mismo?

Doctor Gordon: Soy conservador. No creo que los adolescentes deberían tener relaciones sexuales; son muy jóvenes y vulnerables. Pero se ven influidos por mitos —piensan que los demás muchachos de su edad sí lo hacen—. No hay nada más alejado de la realidad. Por lo menos 50 por ciento de las muchachas y 40 por ciento de los chicos siguen siendo vírgenes al terminar la secundaria. También los medios masivos de comunicación influyen en ellos. La publicidad está plagada de insinuaciones sexuales. La música de *rock* machaca hazlo, hazlo, hazlo. En los programas de televisión en horario triple "A", a dos personas les toma 20 minutos conocerse, enamorarse, casarse y divorciarse.

Saline: ¿Qué pueden hacer los padres para contrarrestar tales influencias?

Doctor Gordon: Tienen que entender que deben ejercer una fuerte influencia sobre ellos. Necesitan dejar que sus hijos conozcan cuáles son sus propios valores. Empero, una vez que lo han hecho, también deben decir, "quiero incluso que sepas sobre sexualidad, sobre control natal y sobre las consecuencias". Todas nuestras investigaciones llevan a la conclusión de que los padres a quienes yo califico de "interrogables" observan que sus hijos retardan el momento de tener relaciones sexuales. Asimismo, como el sexo es un tema demasiado volátil, a los padres a quienes se les puede preguntar acerca del sexo, también pueden ser interrogados sobre el consumo de drogas, alcohol y otros temas delicados.

Saline: En qué forma los padres "interrogables" aconsejan a sus hijos para considerar resistirse a hacer lo que los demás parecen estar haciendo?

Doctor Gordon: Lo que no funciona es el simple mensaje: No estés afuera hasta tarde; no tengas relaciones sexuales; no bebas; no fumes hierba. La simple prohibición no es un consejo útil —y tampoco funciona—. La información sí da buenos resultados. Los jóvenes actúan de una forma más responsable cuando sus padres hablan con ellos que cuando simplemente les dicen no hagas esto o aquello.

Saline: Mucha gente piensa que la información es precisamente lo que induce a la promiscuidad —que entre más sepan y hablen los jóvenes acerca del sexo, más se sentirán tentados a poner en práctica lo aprendido. ¿Según su experiencia, es verdad?

Doctor Gordon: Al contrario; es imposible abrumar a un chico con conocimientos, pero sí con curiosidad insatisfecha. Muchos chicos hablan sobre sexo; presumen haciéndolo. Sin embargo, por lo general lo que intercambian es información equivocada. Algo realmente útil para un joven que se enfrenta a una situación donde se ve implícito el sexo es el análisis de las posibilidades "¿qué vas a hacer si..? "¿Qué vas a hacer si un fulano te dice, 'te dejaré si no tienes relaciones sexuales conmigo'?" "¿Qué harás si te embarazas?" Infortunadamente, sólo las muchachas quedan en cinta, por lo que la responsabilidad recae en ellas. Pero un número considerable de padres dicen a sus hijos, "espero que nunca uses tu miembro como arma", lo cual los hace pensar.

Los padres deben comunicar que el sexo no es espontáneo. Tampoco es romántico dejar que simplemente se dé —es más bien estúpido—. Esa es la razón por la que los padres tienen que hacer pensar a sus hijos, en lugar de darles diatribas. Hablando acerca de la realidad, los padres ganan credibilidad; incluso si el muchacho no escucha, la siguiente vez pensará, "debí haberme fijado".

Saline: ¿Cómo se le puede hablar sobre planeación a unos adolescentes que piensan estar profundamente enamorados y llenos de pasión incontrolable?

Doctor Gordon: Muchos adolescentes experimentan fuertes sentimientos sexuales; por tal motivo, sería recomendable orientarlos sobre las alternativas que existen ante las relaciones sexuales. Yo diría a los adolescentes que es mejor esperarse hasta concluir la escuela, hasta que estén viviendo por su propia cuenta con cierta privacidad. Es incluso normal esperar hasta cuando se contraigan nupcias. En nuestra sociedad, a los jóvenes se les programa para tener relaciones sexuales por el simple hecho de tenerlas. A las muchachas se les programa a hacerlo ante la posibilidad del amor. A los chicos se les debe decir que el sexo no sirve para medir la hombría, ni es la puerta de acceso al machismo.

Saline: ¿Recomienda usted que los padres hablen con sus hijos acerca de los métodos anticonceptivos?

Doctor Gordon: Creo fervientemente que los adolescentes deben saber al respecto. No es función de los padres proporcionarles dispositivos para tales fines, sino que tienen la opción de informarles sobre su existencia y dónde pueden adquirirlos.

Saline: ¿Por qué a tantos padres les apena hablar sobre sexo con sus hijos?

Doctor Gordon: Para empezar, se sienten incómodos: tal vez sus padres no platicaban con ellos, o, cuando lo hacían, advertencias como "no lo hagas" eran mensajes eficaces. En segundo lugar, muchos adultos consideran que el conocimiento es peligroso —que si platican con los muchachos sobre sexo, terminarán haciéndolo—. Finalmente, algunos padres temen no poseer suficiente información. Tienen que entender que no tiene nada de malo sentirse incómodo. En realidad, los jóvenes responden bien ante los padres que pueden reconocer su incomodidad.

Saline: ¿Cuál es la forma correcta de empezar a hablar del tema con los adolescentes?

Doctor Gordon: Muchas veces es mejor no hablar de manera directa. Hay que referirse a los hijos de alguien más o a algún artículo periodístico sobre el embarazo entre adolescentes. Se debe hablar del tema en general antes de pasar a lo particular, y quizás darle un matiz humorístico.

Saline: ¿Qué tan honestos deben ser los padres en este tipo de pláticas? Digamos, por ejemplo, que una hija pregunta a su madre si tenía relaciones antes de casarse, y la respuesta es afirmativa. ¿Debe mentir y decir que no?

Doctor Gordon: Hay que hacer una diferenciación entre discreción y privacidad. El sexo no debe ser un asunto secreto, sino privado. Los padres tienen derecho a la privacidad respecto de sus propia vida sexual, al igual que los hijos. Una respuesta adecuada podría ser "esa parte de mi vida es privada, pero será un placer decirte lo más que pueda con respecto al sexo.

Saline: Ha usted sugerido que los padres tienen la capacidad para inspirar cierto sentido de responsabilidad moral en sus hijos. ¿Aún así, acaso no puede ser más fuerte la presión de los amigos?

Doctor Gordon: Los padres deben reconocer y aceptar la presión de los amigos. Hay que dejar que los hijos sepan lo difícil que les resultará decir no. Y, si conocemos a los padres de los amigos de nuestros hijos, debemos hablar con ellos acerca de las reglas y lineamientos. Así, es imposible manipular a un padre comparándolo con otro ("Eres tan anticuado: pero la mamá de Suzy la deja hacer todo").

Saline: Idealmente, los padres no necesitarían imponer ninguna restricción si creyeran que sus hijos tuvieran el control sobre sí mismos. ¿Es posible que los padres inculquen esa fuerza?

Doctor Gordon: Sí. Pueden hacerlo con excelentes resultados fomentando la auto-estima. No tiene nada de malo, por ejemplo, criticar a un chico por alguna conducta en particular; lo que no está bien es decirle que es un bueno para nada y que nunca va a cambiar. Si un hijo no se siente apoyado por alguno de sus padres, buscará dicho apoyo en otra parte. Si el novio de una chica dice, "si en verdad me amas, tienes que acostarte conmigo", y ella siente que la aceptación de su novio es lo único que tiene, acabará cediendo a dicha petición. Empero, si sus padres la apoyan, tal vez sienta que puede perder al novio y, aún así, encontrar a otro: puede arriesgarse a decir que no.

Los niños son seguros cuando se sienten amados y protegidos. Los padres pueden mostrar su preocupación diciendo a sus hijos adolescentes que nadie es perfecto. Si los hijos saben que sus padres confían en ellos, creerán en sí mismos —y podrán aprender de sus errores—.

Como ser más feliz... veinte consejos para conservar la calma

1. Tome una respiración profunda.
2. Piense antes de abrir la boca.
3. Dé a los demás el derecho de molestarlo o hacer que se enoje.
4. Luego permítase desear otro comportamiento en ellos.
5. Busque lo mejor, pero espere un poco menos de la vida.
6. Póngase en el lugar de los demás. Imagínese cómo se sienten.
7. Recuérdese que no es una víctima empujada por el capricho de los demás.
8. Dé una caminata de cinco minutos. Cambie de escenario
9. Piense en lo que lo haría sentirse mejor en el momento presente.
10. Recuerde que sí tiene alternativas.
11. Trate de entender cómo empezó a gestarse el problema.
12. Concéntrese en tener un mayor control de la situación, en lugar de solamente reaccionar ante ella.
13. Visualícese sereno.
14. Considere una solución. Imagine el problema como si ya estuviera solucionado.
15. Empiece a planear cinco formas para hacer que eso suceda.
16. Decida creer que esas cinco formas son posibles, que en verdad sus sueños pueden hacerse realidad.
17. Pida analizar el problema más tarde cuando se haya calmado.
18. Exprese sus sentimientos directamente, asumiendo toda la responsabilidad al respecto, en lugar de atacar verbalmente a la otra persona.
19. No reprima su ira, si es necesario. Cuando ya se haya calmado, pida una disculpa.
20. Tome la vida con menos seriedad. Nada es para tanto.

Tres mitos perniciosos acerca del matrimonio

por Robert y Jeanette Lauer

Desde que los médicos comenzaron a administrar pastillas de azúcar a sus pacientes, empezamos a ser conscientes de que nuestras creencias tienen el poder de afectarnos. Por desgracia, tales creencias pueden dañarnos y curarnos. Se reconocen los siguientes mitos por lo que son y actuar en consecuencia puede significar un largo camino hacia el logro de una relación saludable.

Mito # 1: es imposible hacer que cambie el compañero

Ciertamente, hay algunas cosas que no cambiarán. No se puede transformar al cónyuge tranquilo y reflexivo en una persona escandalosa y sociable. Y hay algunos métodos para cambiar que no funcionarán. Es poco probable que los ultimatos, los regaños o la ridiculización conduzcan a los resultados deseados.

Pero podemos ayudar a nuestra pareja a cambiar. En nuestro estudio realizado entre 300 parejas en relaciones a largo plazo, observamos que las parejas con matrimonios sanos regularmente se ayudan a modificar sus actitudes, creencias y patrones de conducta. Pero todo eso se lleva a cabo con la actitud de "hagámoslo juntos. Tendremos una mejor relación y serás una persona mejor". Este enfoque será gentil y afectivo.

Por ejemplo, una mujer ayudó a su marido a ser más atento diciéndole lo mucho que admiraba a los hombres sensibles a las necesidades de los demás.

Un hombre ayudó a su esposa a tener confianza en sí misma celebrando cada uno de sus logros.

Una mujer platicó calmada con su esposo sobre sus necesidades profesionales, reafirmó el amor que sentía por él y la devoción que tenía por su familia y acordaron que volviera a trabajar como profesora durante un periodo de prueba. Después de seis meses, aquel hombre se sentía tan bien con su renovado vigor y entusiasmo que cambió completamente su actitud sobre la idea de trabajar fuera del hogar.

Mito #2: el matrimonio es una relación equilibrada

Hay quienes creen en tal aseveración tan literalmente que siempre se están controlando. Si creen estar dando más u obteniendo menos del 50 por ciento se sienten infelices con la relación.

Las parejas cuyo matrimonio es estable señalan que es imposible salir adelante con una actitud así. Como dijo un marido, "hay que pensar en términos de un 70-30 por lo menos; estar dispuesto a dar 70 y recibir 30". A veces la mujer dará 60 ó 70 u 80 por ciento, porque el marido está enfermo, deprimido o tratando de resolver algún problema. Otras veces, tocará al esposo dar y a la mujer, recibir.

Mito #3: el alejamiento de los parientes políticos ayuda al matrimonio

En una encuesta realizada por la empresa especializada *Gallup* permitió concluir que casi la mitad de los ciudadanos estadounidenses creen que el alejamiento de los parientes políticos es "relevante" para tener éxito en el matrimonio.

En algunos casos, puede que tal aseveración sea cierta. Hemos observado que las relaciones con los parientes políticos puede ser amarga. Debbie, quien ha estado casada durante 12 años, nos dijo que sus problemas con su suegra comenzaron antes de haberse casado.

"Cuando Jeff y yo anunciamos nuestra intención de contraer nupcias, todos festejaron la noticia. Pero su madre se sentía insatisfecha con los modestos planes que teníamos para la boda. Decidió que sería ella quien organizaría su propia recepción y me enteré de tal decisión sólo dos días antes de la boda. No es difícil imaginar cómo se sentían mis padres.

La señora persistió y no abandonó sus planes. Sin embargo, esa experiencia nos enseñó varias cosas. Poco después de habernos casado, mi suegra trató de obsequiarnos algunos muebles, pero mi esposo no estuvo de acuerdo. Jeff sabía que, si la dejábamos, la señora trataría de controlar nuestra vida por completo. Tal actitud la afectó temporalmente. Cayó enferma, tuvo que guardar cama una semana y todo el tiempo se quejaba de los hijos ingratos. Las cosas no han logrado mejorar".

A pesar de casos como el de Debbie, la mayoría de las personas nos dicen que sus parientes políticos les dan cosas como apoyo, amor, aceptación, cariño y amistad.

"Cuando me casé con mi esposa hace cinco años", aseguró George, quien trabaja como funcionario en un banco, "tuve la posibilidad de pertenecer a una familia muy especial. Rápida y fácilmente surgió un sentimiento mutuo de respeto y amor entre mi suegro y yo. Me trata más como a un hijo que como a un yerno. Y yo siento como si tuviera otro padre".

Afortunadamente, la experiencia de George es más típica que la de Debbie. A pesar de la idea generalizada de que los parientes políticos representan una amenaza para el matrimonio, es más probable que se tenga una relación positiva y no negativa con ellos. En realidad, los diferentes lazos familiares extendidos derivados del matrimonio pueden ser una fuente real de alegría.

Como asegurarse de permanecer felizmente casados

por Cathy Tsang-Feign

Son muchos los mitos que existen en torno del matrimonio. Por ejemplo, "Después de algunos años, el matrimonio acaba siendo menos emocionante, se vuelve rutinario o aburrido" Así es: si lo que deseamos es un matrimonio puramente mediocre, eso es lo que lograremos.

El matrimonio es como una planta viva que requiere constantemente agua, abono y, sobre todo, cuidados. Entre más tiempo llevemos casados, más tendremos que trabajar para mantenerlo vivo.

Hay un terapeuta que por rutina hace determinadas preguntas para evaluar el estado del matrimonio.

A continuación se presentan algunas de ellas, para que el lector tenga algunas pautas para determinar su propio estado marital o satisfacción respecto de su relación.

¿Cuánto tiempo pasa usted con su pareja?

"Bastante" aseguran muchas parejas. Sin embargo, cuando lo analizamos, el tiempo que las parejas pasan juntas exclusivamente para estar en la intimidad y para expresar sus sentimientos mutuos es muy limitado.

Este tiempo puede ser considerado en orden de importancia. Se trata del tiempo que pasamos con nuestra pareja:

Tiempo de alta calidad: ¿cortesía e intimidad, para establecer una comunicación verbal o no verbal en pareja sin distracciones externas?

Tiempo de mediana cualidad: ¿más como en las empresas, opinando sobre los hijos, parientes políticos, otros temas familiares, o trabajo?

Tiempo de baja calidad: ¿juntos bajo el mismo techo, pero uno o ambos estás ocupados con algún quehacer, está viendo la televisión, con los niños o leyendo el periódico?

Se debe hacer un esfuerzo especial para lograr un "tiempo de calidad" juntos cuando se vive en una sociedad tan activa como la de Hong Kong.

¿En que prioridad de tiempo ubica a su pareja?

¿Se da usted tiempo para estar con su pareja, sin importar lo ocupado que pueda estar?

¿Pasa usted algún tiempo con su cónyuge sólo cuando así se lo pide?

¿Comparte usted su tiempo libre con su pareja, solamente cuando no tiene nada más que hacer?

Para muchas parejas, la prioridad más alta se da exclusivamente a los hijos. Para otros, lo primordial es su carrera y su empleo.

Los únicos momentos que pasan juntos a solas es cuando están en la cama, medio dormidos. La pareja acaba sólo compartiendo su tiempo libre.

¿Disfruta usted platicando con su pareja y compartiendo sus pensamientos y sentimientos?

La respuesta de muchos será: por supuesto, me gusta platicar con mi pareja... pero..."estoy muy ocupado", "nuestros hijos absorben mucho de mi tiempo" o "ya no tenemos mucho de que hablar", etcétera.

Disfrutar la plática y expresión de los pensamientos con la pareja es la premisa básica de un matrimonio satisfactorio. Las parejas necesitan identificar cuáles podrán ser las posibles causas que limitan su disposición para platicar y compartir.

¿La vida ajetreada absorbe el tiempo que comparte la pareja? ¿Acaso la incompatibilidad básica los hace tener excusas para evitar la comunicación mutua?

¿Qué tan íntima y significativa es su comunicación?

Las parejas muchas veces viven bajo el mismo techo y duermen en la misma cama, pero se sienten como extraños. Desean compartir y tener intimidad, pero se percatan de que están creciendo por separado.

Hablan de sus ideas y comparten información, pero pocas veces hablan de sus sentimientos personales entre ellos.

Sin embargo, cuando se logra la comunicación abierta, las parejas sienten libertad para compartir sus emociones y pensamientos.

Así fomentan la mutua comprensión, la dará lugar a la intimidad y el crecimiento de la pareja.

¿Su pareja y usted evitan la intimidad?

Muchas veces, las parejas trabajan en equipo para evitar la intimidad sin percatarse de eso. Por ejemplo, es posible que uno de los cónyuges se mantenga ocupado en algún quehacer de la casa o con trabajo, mientras el compañero está absorto viendo la televisión o sentado frente a una computadora, etcétera.

Aparentemente, se ven bastante a gusto y tranquilos, sin molestarse uno al otro. Asimismo, se está viendo saboteada la posibilidad de que haya una cercanía.

¿Cómo establece usted la intimidad con su pareja?

La comunicación abierta es una forma de lograr la intimidad en el matrimonio. Esto significa el deseo de compartir los sentimientos y pensamientos personales honestos y escuchar a nuestro compañero.

Significa buscar formas de resolver conflictos y no ignorarlos. Quiere decir respetar las diferencias de cada quien. Es el deseo de pedir una disculpa o perdonar y no vivir en los dolores del pasado.

El amor y el romance son importantes en un matrimonio, pero no son los únicos ingredientes. Para mantener un matrimonio, al igual que el romance y el amor, ambos cónyuges, no sólo uno de ellos, necesitan tener una comunicación abierta y pasar juntos momentos de calidad.

Un matrimonio feliz no depende del azar. El lector puede optar por tener un matrimonio feliz, si él y su pareja están dispuestos a trabajar al respecto. Así, gozarán de una buena relación y no serán víctimas de un mal matrimonio.

Secretos de matrimonios triunfadores
por el doctor Frank S. Caprio

Afortunadamente, la mayoría de los matrimonios entran en el grupo promedio. En los matrimonios promedio, las parejas se llevan bastante bien. El hombre y la mujer han aprendido a acoplarse a su pareja. Sus diferencias no son muy serias; tal vez no presuman de ser totalmente felices, pero tampoco son particularmente infelices. Su relación les da entre un 50 y un 75 por ciento de satisfacción, la cual por lo general se centra en la posesión de una casa, la educación de los hijos, la protección contra los embates a la economía y la salud, vacaciones periódicas, un círculo de amigos y el consenso para aceptar con valor el futuro.

Sin embargo, los problemas de infelicidad que surgen en un matrimonio pueden evitarse si la pareja adopta la filosofía de la consideración mutua. Para mantener viva toda buena filosofía se requiere su expresión práctica cotidiana.

A continuación se presentan algunas sugerencias que pueden ayudar a las parejas que desean no sólo tener éxito en su matrimonio, sino hacer que sea más feliz.

1. Es necesario reducir las críticas al mínimo. Se debe tratar de entender la psicología del sexo opuesto. Hay características de ambos sexos que nos han sido transmitidas desde el principio de los tiempos. Por ejemplo, a muchos hombres les gusta sentirse importantes; les agrada ser halagados, motivados e inspirados. Muchas mujeres cometen el error de desacreditar a sus esposos, en lugar de hacerlos sentir importantes. En este sentido, son ellas las que salen perdiendo. Muchas mujeres no desean dominar al hombre. A la mayoría les gusta ver al marido como su protector.

2. Hay cosas particulares de las mujeres que los hombres no aprecian. A las mujeres les gusta sentirse seguras. No se les puede maltratar sin ninguna consecuencia. Son como las flores que necesitan abono y rayos solares. Ocasionalmente desean que se les haga algún cumplido. No siempre basta la seguridad material. Quieren sentirse amadas y responsables, por lo menos en parte, del éxito de su compañero.
3. Hay que adoptar los procedimientos seguidos en los tribunales para arreglar las diferencias. Si es imposible discutir las desavenencias, controlando las emociones, ni siquiera hay que hablar de ellas. Por lo menos se debe esperar hasta que se hayan calmado los ánimos o que se haya aprendido a hablar sin ser insolente. Es necesario aprender a distinguir entre una disputa y una discusión tranquila.
4. Es necesario dar pie a la conversación. Hacerla agradable evitando recitar quejas, malestares, cuentas pendientes y preocupaciones. Las personas promedio evitan a quienes siempre están buscando fallas, que constantemente se sienten aquejados por algún mal y que siempre visitan a sus médicos.
5. Hay que poner freno al mal humor, el lenguaje soez y los insultos antes de que su uso se haga un hábito.
6. Debemos analizar nuestras propias fallas cuando nos sentimos tentados a inculpar a nuestra pareja.
7. Es necesario evitar el impulso de despertar sospechas y celos en la pareja con comentarios de citas extramaritales.
8. Hay que divertirse, pero en pareja. El matrimonio se torna aburrido sin buenos tiempos compartidos que le den chispa.
9. En casos de infidelidad, es necesario actuar como si se tratara de una enfermedad. No dispare. Ni busque los somníferos o la botella. Es necesario buscar la ayuda de un experto. Como las esposas son las víctimas frecuentes de las infidelidades más que los maridos, deben tener un profundo interés por entender las causas de tales situaciones —y la forma de prevenirlas— . El remedio más inteligente es la prevención. En este

sentido, mucho depende de la mujer. Ella es la figura central en el hogar. Si es consciente de las tensiones de nuestros tiempos, las presiones y la competencia a la que se debe enfrentar el marido, muchas veces puede compensar tales cargas con una especie de personalidad tolerante.

10. Es necesario hacer del matrimonio una sociedad. Esto implica la cooperación y no la lucha competitiva por la supremacía. Es imposible moldear la personalidad de la otra persona de acuerdo con nuestra propia manera de pensar sobre todas las cosas. A pesar de la existencia de la relación marido-mujer, ambos tienen la libertad de pensar lo que quieran y gozan de algunos derechos como persona. Dominación es sinónimo de tiranía. La combinación de un marido dominante y una esposa sumisa no es compatible con la inteligencia. Un marido y esposa normales se respetan mutuamente como seres inteligentes y sensibles. No se puede pretender poseer a una persona como si se tratara de un auto. El amor que llega a tal grado de posesividad es anormal. El verdadero amor es altruista en términos de calidad y considera los deseos del ser amado.

11. Si hay alguna incompatibilidad sexual se debe hacer algo al respecto. Las parejas que no se llevan bien físicamente son aquellas que se la pasan peleando. Es difícil vivir con una mujer frígida. Los hombres sexualmente inadecuados pueden hacerse quejumbrosos y quejarse siempre de no tener buena salud. Hoy no hay excusas para la insatisfacción sexual. Hay libros que contienen información sexual científicamente orientada fácil de leer y comprender y existen asesores matrimoniales que brindan ayuda si el problema sexual es complicado.

12. Para ser felices hay que relacionarnos con el mundo y con los demás a nuestro alrededor. Nuestra felicidad no deberá depender completamente de otra persona. Tenemos que cultivar suficientes intereses externos para que nuestra vida matrimonial sea estimulante. Admiramos a quienes son auto-suficientes. Podemos aprender a leer buenos libros, escuchar música, inte-

resarnos por algún pasatiempo, hacernos miembros de alguna asociación, tomar cursos en alguna universidad local.

Las personas que no son felices en su matrimonio a veces son perezosas. Siempre tienen una excusa para sentirse así. "Mi vida sería diferente si me hubiera casado con otra persona". Es necesario evitar este tipo de aseveraciones. Son demasiados los hombres y mujeres que asumen una actitud como si estuvieran condenados a la infelicidad ante la imposibilidad de que su pareja hiciera algunos cambios. Necesitan cambiar ellos mismos antes de poder esperar un cambio en los demás.

¿Cómo califican los modales en el amor?

por Frances Goulart

Si le agrada su relación, no se conforme únicamente siendo amable. Los buenos modales entre un hombre y una mujer pueden ser un factor más importante para mantener unida a una pareja que el sexo, una piernas bonitas o el todopoderoso dólar. "Los buenos modales pueden llevarnos a lugares donde nunca podríamos llegar con el dinero", asegura Marjabelle Stewart, la autora/consejera de *The New Etiquette* [*La nueva etiqueta*].

Como ignorar lo que es socialmente correcto o incorrecto cuando se sale con alguien. Lo correcto puede ser una de las razones por las que más de siete millones de hombres y 11 millones de mujeres —38 por ciento de todas las personas de entre 20 y 44 años de edad— siguen solteros y buscando pareja. "Los buenos modales aumentan nuestra posibilidades en el amor", según Melaine J. Rich, licenciada en filosofía y profesora de comunicación verbal en la universidad estatal de California, Northridge, y Kenneth K. Sereno, licenciado en filosofía de la universidad del sur de California en Los Angeles. "Con ellos demostramos que respetamos a nuestra pareja —que nos interesa, en la misma medida que cuando el amor era nuevo—".

Los buenos modales son ese constante dar y recibir que fomenta la intimidad y que nos hace sentir bien, felices y protegidos del resto del mundo, afirma Barbara Cartland, autora del libro *Etiquette for Love and Romance* [*Etiqueta para el amor y el romance*] "El manejo con gracia de situaciones sociales en pareja fomenta el afecto entre un hombre y una mujer.

No es fácil. Ser apasionado y amable requiere sentido común. ¿Cómo se califican los modales en el amor? Sírvase contestar el siguiente cuestionario con situaciones comunes. Se basa en información proporcionada por el Instituto Emily Post y las Sociedades Estadounidenses de Consejeros Sexuales y se aplica a las personas solteras, casadas o en proceso de transición.

1. .La han invitado a cenar. Se percata de que se le ha "corrido" el maquillaje. ¿cuál es la reacción correcta?
   a) ponerse lápiz labial y hacer el resto en el tocador
   b) retocarse lo más discreto y rápido posible entre un platillo y otro
   c) disculparse y volverse a maquillar —es más importante que dejar que se enfríe la sopa—.
   Respuesta: a, b y c son actitudes poco amables y rudas hacia su acompañante.

2. Usted y su pretendiente están en una fiesta. Desea fumar un cigarrillo, pero no encuentra un cenicero. ¿Qué es lo correcto?
   a) suponer que significa "prohibido fumar" y dejarlo para más tarde
   b) pedir uno a la anfitriona
   c) fumar a sus espaldas.
   Respuesta: a y b son correctas, c es poco amable con su pretendiente y con el anfitrión.

3. Chismorreo: a usted le encanta; a él, no. ¿Debe usted contenerse cuando salen o dar rienda suelta a su forma de ser?
   Respuesta: Si la ama, no esperará de usted una marioneta. Sea auténtica. El chismorreo es divertido, siempre y cuando no sea malicioso.

4. Usted llega al restaurante antes que él. No hay capitán de meseros, pero ve una mesa vacía. ¿Debe ir a sentarse?
   Respuesta: No si trata de conservar el romance de la elección del menú. Su pretendiente siempre la conduce a la mesa y jala la silla para que se siente.

5. ¿Debe apartarse de su dieta si su pretendiente la lleva a un restaurante elegante y costoso?

Respuesta: Si es por motivos religiosos o de salud, sí. Dígaselo con anticipación a su pretendiente. Si es porque está a dieta para bajar de peso, olvídese y disfrute la comida como un gesto de amor y afecto.

6. Usted y su pareja están teniendo un romántico almuerzo. ¿Es correcto encender velas aunque sólo sea el mediodía?
    Respuesta: No. Se puede probar con un arreglo floral o esperar a que se oculte el sol.

7. Cuando el amor que parecía que duraría para siempre no lo hace, ¿qué es lo que devuelve?
    Respuesta: Sólo el anillo de compromiso, asevera el doctor Marvin B. Brook, autor de *The Lifelong Lover* [*El amante eterno*].

8. ¿Cuál es la forma correcta de aproximarse a un caballero atractivo en una reunión social?
    Respuesta: Presentarse usted sola y luego dejar que él haga la plática, afirma la gran dama del romance, Barbara Cartland. "Nunca conocí a ningún hombre al que no le gustara hablar de sí mismo". Pero si llegó usted con escolta, proporciónele su número telefónico y haga una cita futura.

9. Su novio le obsequia un regalo que no le gusta. Debe usted:
    a) darle un beso y darle las gracias, pero no aceptarlo
    b) cambiarlo sin que se entere
    c) fingir que le encantó y usarlo, cuando está con él.
    Respuesta: c) es la respuesta de una buen amante.

10. A usted y su novio les llega la invitación para asistir a una boda y la correspondiente fiesta de recepción. Se la da a usted para que la conteste. ¿Qué es lo que hace?
    a) llama y confirma su asistencia
    b) escribe rápidamente una nota de "aceptación"
    c) envía una nota manuscrita de aceptación.
    Respuesta: c es la respuesta correcta

11. Está usted teniendo una animada plática con un hombre que parece estar solo en una fiesta. Súbitamente, aparece su acompañante, ansiosa y posesiva. Usted:
    a) se presenta y esfuerza por incluirla en la charla
    b) se despide de inmediato y se marcha
    c) le dice que seguirán conversando en otra ocasión.
    Respuesta: Sólo a es correcta

12. Es una cena aburridísima que han ofrecido los padres de su esposo. ¿Cuándo es el momento de retirarse?
    a) fingir que se tiene jaqueca
    b) marcharse del lugar sin él y nunca decirle que lo hace para atender otros asuntos
    c) quedarse hasta haber tomado café y postre.
    Respuesta: c, sugiere el Instituto Emily Post.

13. ¿Qué responde cuando alguien le hace la siguiente incómoda pregunta? "¿Así es de que cuándo se van a casar?"
    a) tomarlo como una broma y cambiar de tema
    b) preguntar en tono sardónico, "¿por qué? ¿Acaso se están acabando los solteros?"
    Respuesta: cualquiera de las dos es aceptable.

14. La ha invitado a una fiesta en una ciudad desconocida. ¿Qué deberá ponerse?
    a) el vestido de noche que nunca pasa de moda (para ir a la segura)
    b) ese vestido sensual que le obsequió en Navidad
    c) cerciorarse de lo que es más indicado en una buena tienda de ropa.
    Respuesta: c. Y este es un código práctico de vestir del Instituto *Fashion*: entre más se acerque a la región occidental del país, más informal es la manera de vestir; mientras más se acerque a la ciudad, más formal será el vestir.

15. ¿Debe usted devolver un beso como se lo dieron?
    Respuesta: No si no lo desea. Muéstrese receptiva, pero apasionada, pero no trate de ser graciosa, sugiere el autor de *Sex Etiquette* [*Etiqueta para el sexo*].

16. Su acompañante le hace un cumplido respecto de su cuerpo. ¿Cómo le responde?
   a) ¿en verdad te gustan mis "jamones"? Dime la "verdad".
   b) gracias
   c) devolver el cumplido.
   Respuesta: b y c.

Hay que cuidar mucho los modales en el amor, sugiere la Asociación Norteamericana de Terapeutas y Consejeros Sexuales. Esta es una forma de decir "te amo" de una manera distinta todos los días.

1. Hay que obsequiar una flor al compañero. Un lirio amarillo dice "te deseo", un junquillo, " ámame ". Los especialistas en esta materia nos podrán ayudar respecto del lenguaje de las flores.
2. Se le puede dar una medalla en forma de corazón o una fotografía nuestra para que la ponga sobre su escritorio.
3. Es posible comprar dos botellas con alguna esencia sensual y regalarle una.
4. Todos los días debemos asegurarnos de decir "te quiero...Te necesito... Te extraño".
   Se puede lavar su ropa. Tal vez sea un gesto más cariñoso que una cena a la luz de las velas.
5. La buena comida siempre sabe bien y sigue siendo una de las mejores maneras de ganarse el corazón del hombre.

Cinco errores graves que cometen los padres con los adolescentes

por el doctor Daniel Amen

¿Cómo se lleva usted con sus hijos adolescentes? Marque las oraciones que se aplican en su caso personal.

1. ¿Da a sus hijos los mismos "sermones" que le dieron sus padres?
2. Se siente herido cuando su hijo adolescente quiere pasar cada vez más tiempo con sus amigos?
3. ¿Cuando habla con sus hijos tiene la tendencia de olvidar lo que sucedía con usted cuando tenía su misma edad?
4. ¿Se dedica más a "sermonear" que a escuchar a sus hijos adolescentes?
5. ¿Es incapaz de establecer límites firmes con sus hijos adolescentes?
6. ¿Tiene usted la tendencia de controlar en demasía a sus hijos más que darles alternativas razonables (acerca de la ropa, la música, amistades, etcétera)?
7. ¿Discute con su hijo adolescente en un intento por hacer que piensen igual que usted?
8. ¿Se siente usted presionado por sus hijos adolescentes?
9. ¿Sus hijos adolescentes evitan hablar con usted acerca de temas delicados (es decir, sexo y drogas)?

Número total de oraciones marcadas:

0 - 1: Es probable que su relación con sus hijos adolescentes sea mutuamente satisfactoria y eficaz.
2 - 4: Como la mayoría de los padres, hace algunas cosas correctas y hay algunas áreas sobre las que tiene que trabajar.

5 - 9: Tal vez haya la necesidad de analizar con más profundidad la forma de mejorar la relación con los hijos adolescentes.

La formación de los hijos adolescentes es la tarea más difícil conocida por el hombre. Algunos otros retos se relacionan de manera simultánea con el acné, la inquietud hormonal, las amistades, las primeras citas amorosas y la enseñanza del manejo de un automóvil. Si se tienen dudas sobre la dificultad que implica la formación de un adolescente, hay que detenerse un minuto a reflexionar sobre las dificultades que uno mismo planteo a sus propios padres cuando se atravesaba por esta etapa del desarrollo.

Aunque muchos de nosotros hayamos llegado a asegurar que haríamos las cosas de manera diferente a como lo habían hecho nuestros padres, la mayoría nos percatamos de que simplemente actuamos como ellos. La paternidad muchas veces es automática. Es precisamente esta naturaleza automática o reflexiva la que muchas veces genera problemas entre los padres y sus hijos adolescentes.

Evidentemente, como padres, todos cometemos errores, muchos de los cuales son insignificantes y no son tan graves. Sin embargo, hay algunos errores que cometen los padres con los adolescentes que sí resultan trascendentes y pueden provocar problemas futuros. Considerando mi experiencia como psiquiatra, he observado cinco errores graves críticos que cometen los padres con sus hijos adolescentes. Si los puede evitar, es probable que ahorre algunos años de lo que nosotros mismos hicimos vivir a nuestros progenitores.

1. Incapacidad de entender el desarrollo normal

Cuando se educa a un adolescente, es de vital importancia entender lo que es normal en las distintas etapas de su desarrollo. Son dos los objetivos psicológicos básicos de la adolescencia que permiten el desarrollo de un sentido de identidad ("¿Quién soy?") y un sentido de independencia ("¿Puedo tomar algunas de mis propias decisiones?"). Se desarrolla la identidad, en parte, a partir de la pertenencia a un grupo de iguales, que normalmente se hace más importante en esta etapa. La independencia por lo general se presenta en forma de una actitud rebelde y/o el cuestionamiento de la autoridad y los valores de los padres. Hay muchos padres que no alcanzan a entender que dicha conducta es normal y se dedican a criticar la actitud del adolescente. También existen muchos padres que se sienten rechazados por los adolescentes. Cuando un chico tiene ocho años de edad, muchas veces los padres son idealizados. Desea pasar el mayor tiempo posible con sus padres. A los 13 o 14 años, quiere convivir mayor tiempo con sus amigos. Hay muchos padres que toman esta nueva actitud como rechazo y se sienten lastimados. Al mismo tiempo, es posible que lleguen a rechazar al muchacho dedicando más tiempo a su trabajo o con los otros hijos. Es un error. Cuando se distancia un hijo adolescente normal, lo hace por motivos de desarrollo, no de rechazo. Cuando sienten el alejamiento de los padres, se sienten rechazados y confundidos. Obviamente, nunca lo dirán, pero estos sentimientos se hacen evidentes en su comportamiento. La participación de los padres es de vital importancia para el sano desarrollo de los adolescentes.

2. Incapacidad para recordar nuestra propia adolescencia

Una de las mejores formas de ayudar a un adolescente en esta etapa de su desarrollo consiste en recordar en que consiste la adolescencia. Si somos capaces de reconocer lo que se sentía cuando nosotros mismos atravesamos por la pubertad, el acné, las primeras citas de amor y las clases de inglés en la secundaria, es muy probable que encontremos la forma de ayudar a nuestros hijos en esta fase. Si nos oponemos a recordar nuestros años de adolescentes (y muchos tenemos razones de peso para hacerlo), entonces será muy fácil que asumamos la misma actitud de nuestros padres en el sentido de "lo fácil que se nos dieron las cosas" y por qué "necesitamos cambiar nuestras actitudes".

3. Incapacidad de escuchar

Escuchar a los hijos es primordial para enseñarles a resolver problemas. Cuando mi hijo de 12 años acude a mi para exponerme algún problema, le ofrezco muchas soluciones. Algo que he aprendido es que no necesita mis soluciones, sino que lo escuche para que pueda resolver la situación. Al poder hacerlo, se siente mucho mejor consigo mismo y se siente mucho más involucrado en la solución. Como padres, debemos poner coto a nuestra tendencia a indicar a nuestros hijos la forma en que deben solucionar sus problemas. Podemos darles ideas o hablarles de la manera en que nosotros mismos encontramos la solución cuando nos enfrentamos a un problema similar, pero escuchar es lo que da mejores resultados.

4. Incapacidad para establecer límites razonables

El establecimiento de límites es otro factor relevante en la formación de adolescentes sanos. Los límites razonables y las expectativas claras son necesarios para un adolescente. Muchos padres se sienten incompetentes y presionados ante las exigencias de sus hijos adolescentes, cediendo muchas veces a exigencias irracionales o formas de vestir para evitar discusiones. Esto es especialmente válido entre aquellos padres criados en hogares demasiado estrictos y que tratan ahora de hacer lo contrario de lo que hicieron sus propios padres. Los padres tienen el derecho y la responsabilidad de ejercer el control, establecer límites y esperar que sus hijos adolescentes cumplan con su parte en casa. Ceder antes las responsabilidades para evitar tensiones se traduce en problemas futuros más graves.

5. Imposibilidad de ofrecer alternativas

Sin embargo, el planteamiento de límites no significa tomar todas las decisiones por un adolescente. Los adolescentes necesitan tener alternativas. La auto-estima y la independencia se ven favorecidas cuando los jóvenes sienten que pueden tomar decisiones correctas por sí mismos. Entre más decisiones "supervisadas" tomen por sí mismos, mayor competencia tendrán para tomar buenas decisiones independientes en el futuro. Cuando se toman todas las decisiones por los hijos se fomenta la dependencia y los sentimientos de insuficiencia. Debemos dejarlos que tomen todas las decisiones posibles bajo nuestra supervisión y dentro de determinados límites razonables.

Evitando estos cinco errores con los adolescentes servirá a los padres y sus hijos en esta edad superar épocas difíciles y desafiantes.

¿Cómo vencer la soledad?

por la doctora Jean B. Rosenbaum

"Quiero estar sola"
La afirmación anterior es lógicamente la carta de presentación de una de las más famosas actrices de nuestro siglo: Greta Garbo. En su caso particular, tal afirmación aparentemente significa el deseo de apartarse de las tensiones inaceptables que plantea la fama en la sociedad contemporánea, una especie de alejamiento introvertido, si así se quiere.

Para algunas personas más comunes, tal aseveración puede representar una especie de puchero. "Has lastimado mis sentimientos y, por lo tanto, no quiero tener nada que ver contigo". Incluso para otros se puede tratar del signo externo de la depresión. "Me preocupa la tristeza y no me queda energía para ti". En casos más extraños y maduros, puede significar que el pensador creativo necesita estar solo para poder orar.

Sin embargo, en términos generales, muchos de nosotros tendríamos que decir, "No quiero estar solo" y, a pesar de ello, estamos destinados a pasar una gran parte de nuestra vida solos y a solas. Más adelante abundaré en esta afirmación, pero permítanme decir desde el principio, que para el problema de la soledad existen algunas soluciones.

Fundamentalmente, lo que se describe arriba es lo que los filósofos consideran como una situación existencialista y personalmente pienso que sería recomendable definirla y analizarla de manera breve.

El existencialismo es una filosofía de lo inmediato; el momento es ahora y el lugar, aquí. Los existencialistas podrían llegar a afirmar: "No hay ninguna respuesta a la pregunta de por qué existo y he sido creado por accidente. No hay ningún sentido intrínseco en relación con mi ser y mi presencia específica en la tierra es un absurdo. Soy el único punto de referencia para mi mundo y me angustia la conciencia de mi soledad. En pocas palabras, estoy solo".

Es una descripción superficial, aunque creo que precisa, de una filosofía popular de nuestro siglo. También se trata de una actitud o creencia que en una forma u otra es mucho más prevaleciente de lo que se podría suponer al principio.

El *jipi* dice, "la sociedad apesta. Nunca participaré en el gobierno, los negocios, la educación o las fuerzas armadas". Una vez que asume tal "actitud", se "aparta". Es en este momento cuando se convierte en un verdadero existencialista, por haber encontrado previamente su justificación para estar en buenos términos con la sociedad, al rechazarla se encuentra solo.

Sin embargo, es obvio que resulta tremendamente doloroso para este hombre estar solo, por lo que rápido busca la compañía con un grupo similar de víctimas y forma una nueva sociedad para mitigar su angustia. En este nuevo grupo, se descartan las normas y principios morales, pero solo bajo la condición de estar juntos. Los *jipis* a los que he conocido y que se han "separado" del escenario *jipi* se tornan ansiosos y enseguida volvieron a asumir patrones más normales de hablar y vestir.

No es que los *jipis* no tengan nada que decir. Nada es muy original, pero sí hablan de amor, individualidad, eliminación del materialismo insensato y el nacionalismo hipócrita, la aceptación de la sexualidad. Sin embargo, sus pláticas acerca del amor se antoja irreal, hasta para los interlocutores sensibles. Su deseo de exclusividad con los demás solamente se aplica a los miembros de su grupo, excepto cuando se benefician del mismo sistema que tanto menosprecian.

En la mayoría de sus posturas se puede encontrar una contradicción entre pensamientos y acciones. Suenan bien y, dentro del contexto de los principios cristianos fundamentales, están bien, pero los *jipis* en su aislamiento bizarro de la sociedad sólo asustan a los adultos que requieren ser estimulados al auto-análisis y engaña a muchos jóvenes de que sustancias químicas muy peligrosas (por ejemplo, el LSD) pueden llevar a la sabiduría. En un estudio realizado para una de nuestras publicaciones medicas me percaté de su amor propio derivado de las drogas, "para compensar tales carencias (creatividad, sabiduría, productividad) consumen drogas que los hacen sentir creativos e importantes".

Como el grupo de *jipis* no tiene ninguna función productiva o creativa ni para ellos mismos ni para nadie más, tendríamos que considerar este movimiento oportunista como una solución negativa para el problema existencialista implícito en el "estoy solo".

Otras soluciones bastante negativas son la dependencia de las drogas o la incorporación a sistemas religiosos no mundanos de Occidente bastante místicos o para tales fines hasta la mezcla de la clase media alta. Todos estos son ejemplos extremos de las distintas formas existentes para enfrentarse al "no soporto estar solo ni pensar que mi existencia carece de sentido".

Ahora bien, es difícil que alguna de estas personas, y son bastantes, son conscientes de que son existencialistas negativos pero, a pesar de eso, sí lo son, y los calificaremos así por motivos prácticos. Su solución es lo que algunos filósofos describirían como poco auténtico; un escape más que una polémica. Se trata de seres en crisis quienes han sido llevadas por el pánico hacia una solución falsa para evitar la concepción aún más dolorosa de su soledad fundamental.

Como se puede ver fácilmente, esta filosofía no es una especie de ejercicio intelectual vago diseñado para aburrir a los estudiantes universitarios, pero en verdad es muy real y doloroso. Y para no ahondar demasiado en este sentido, lo llevaremos a un plano más común y práctico.

Por ejemplo, si no es usted una mujer entrada en años, es probable que pasará la última parte de su vida sola. Si estuviera casada, su marido habría muerto hacia la última década de su existencia y sus hijos no estarían con usted en la mayor parte de sus actividades cotidianas durante 25 años. Si es usted una mujer dedicada a alguna actividad profesional, no solamente no tendrá pareja ni familia, sino que carecerá de empleo por más de 20 años. Si alguna de estas situaciones se agrega a su vida, se corre el riesgo de experimentar la deprimente sensación de "falta de pertenencia" y un prolongado y doloroso periodo de soledad. No tendrá nadie a quien preparar de comer, para quien trabajar o por quien preocuparse.

Si se es un hombre que se ha consagrado al trabajo y la familia, la situación no será más halagüeña. No sólo se verá obligado a una jubilación prematura, sino que hasta antes de eso, su semana laboral será cada vez más corta debido a los "avances" tecnológicos. Su educación había sido enfocada casi completamente hacia el trabajo.

Con más tiempo libre y una jubilación prematura, no se tendrá nada más que hacer en el moderno y cómodo hogar que pasar largas horas frente al televisor viendo aburridos programas. Habrá pasado mucho tiempo desde que crecieron y abandonaron la casa los hijos. Por lo menos se gozará de la compañía de la esposa —eso si, en nuestra ocupada carrera nos dimos tiempo para establecer con ella una relación así—. Nuestra cultura fomentará actividades recreativas para llenar nuestro horario, pero sentiremos que solamente se trata de un alivio ocasional. Ya que la diversión sin un trabajo importante pronto se vuelve un fastidio.

Le aseguro que no estoy planteando esto para hacer que se sienta mal. Como psicoterapeuta, es para mí tan molesto hablar de todo esto, como para usted es molesto leerlo. Tampoco son casos exagerados o distorsionados. A quienes puedan llegar a dudar de la precisión de tales pronósticos, los invito a visitar una de las ciudades típicas de retiro y que lo vean con sus propios ojos. En las calles de ciudades como san Petersburgo, en Florida, se pueden ver aparentemente interminables filas de ancianos sentados en silencio bajo el sol, deprimidos y apáticos, esperando el momento de morir.

¿Es acaso el resultado inevitable de una vida en soledad o una muerte solitaria? Si fuera esta la única solución fundamental, tampoco sería tan cruel de describirla. Más bien, permítaseme demostrar algunas alternativas.

El señor G, quien alguna vez fue un ejecutivo empresarial bastante activo, se encontró a los 60 años fue echado de su trabajo y resulto muy favorecido en su jubilación. Después de dos semanas jugando golf y sin afeitarse y literalmente estaba hastiado. Las cosas en la casa no estaban mejor. Gran parte de su vida social y la de su mujer había girado, unos años antes, alrededor de su trabajo. Tiempo atrás sus intereses mutuos se habían centrado en sus tres hijos, quienes desde hacía mucho tiempo se habían mudado a otras partes del país. A pesar de ser todavía un hombre con bastante energía, el señor G no encontraba prácticamente nada útil que hacer en su eficaz comunidad industrial. Y a la señora G cada vez le irritaba más verlo acostado en la casa sin hacer nada.

Sin embargo, su amor era tal que lograron resistir este vacío estéril durante 10 años. Entonces, como es de suponer, para sorpresa de familiares y amigos, esta pareja decidió deshacerse de su solitaria casa y pertenencias y enlistarse en el Cuerpo de Paz. "A su edad, deben estar mal de la cabeza", fue la respuesta general y, viéndolo desde una perspectiva conformista, supongo que era cierto.

No obstante, dos años después cuando los encontré en Puerto Rico, su piel estaba bronceada, encantados trabajando juntos y totalmente dedicados a enseñar a los lugareños, de aspecto infantil, mejores formas de irrigar sus cultivos y a construir letrinas externas higiénicas. Aprendieron una lengua y una cultura nuevas, una nueva forma de vivir y de sentirse felices. No sentían desesperación existencial, ni se retrajeron a la soledad ni al aislamiento; tampoco buscaron alguna solución poco auténtica o descabellada.

La señora L., viuda desde hace dos años, después de varios meses logró recuperarse de su agudo y normal periodo de dolor. Se sentía y estaba tan sola que se sentaba durante horas a "escuchar el pavoroso sonido del silencio total". Su vida con un hombre bastante rudo e insensible no había sido tan satisfactoria. Habían tenido muy poco en común, aparte de sus hijos y hasta en este sentido por lo general tenían diferencias en relación con las reglas en la casa, la disciplina, etcétera. La señora L. había sufrido una depresión similar con el más chico de sus hijos cuando se había ido a estudiar en la universidad. Sin embargo, un año con este tipo de sentimientos le resultó suficiente. Decidió encontrar algo que hacer el tiempo que no estuviera con su hijo.

No fue tan sencillo como su decisión, ya que no tenía suficiente educación formal, a pesar de que le interesaban mucho los asuntos internacionales y comunitarios. Cuando era adolescente había querido ser enfermera profesional, pero obviamente ya era muy tarde para eso. Entonces, para poder desempeñar algún oficio, asistió a clases matutinas en una facultad de administración de empresas y pronto aprendió los procedimientos de una oficina. En el transcurso de un mes trabaja por las tardes como recepcionista en el consultorio del pediatra de su localidad. En aquel entonces tenía 40 años.

Ahora tenía 60 y se sentía muy vieja y cansada para seguir trabajando en el ajetreado consultorio médico. Con sus conocimientos, su experiencia laboral y su interés en realidad no había ningún problema. El pastor de su iglesia rápido le encontró un trabajo de medio tiempo como secretaria en el vecino Instituto de la Maternidad Católica, donde también podía compartir las alegrías que experimentarían las futuras madres.

Los dos casos anteriores no son más que ejemplos de una forma positiva de hacer frente al problema de la soledad. Hay muchos más. La señora L bien podría haberse graduado como enfermera práctica, como muchas mujeres de edad media.

Estar solo no necesariamente debe traducirse en la tragedia del *jipi*, drogadicto o alcohólico. Puede significar la oportunidad de alcanzar un mayor crecimiento, satisfacción y realización. Muchas personas, por necesidad, pasan gran parte de su existencia haciendo cosas aburridas o hasta odiosas. La soledad puede brindar una segunda oportunidad para hacer otras cosas. No queríamos ser vendedores, ¿pero sí artistas? Ahora que le queda a usted tanto tiempo de sobra, espero que a lo largo de los años no haya dejado de hacer trazos, tomado clases ocasionales de pintura por las tardes y hasta seguido las colecciones de obras contemporáneas en algún museo. Por lo tanto, tal vez sus manos no estén muy agarrotadas. Entonces, muy pronto comenzará a pintar esos óleos sobre los que se ha pensado durante 20 años.

¿Está usted harto de jugar cartas o salir a tomar una taza de café? Las pláticas en estos círculos son superficiales y ahí no saca provecho alguno a los dos años que pasó en la universidad? No tiene ni la más remota idea de la tremenda necesidad que tienen de un profesor que alfabetice a 20 niños católicos negros diseminados en un barrio bajo diseminado.

¿Está usted solo, pero es consciente de la soledad de otras personas? Hay que seleccionar un asilo para ancianos y hacer visitas regulares a estas personas que, de no hacerlo, por lo general están abandonadas.

¿Goza usted de buena salud y está agradecido por ello, pero se preocupa de todos los afligidos del mundo? Podemos descubrir los profundos lazos que se crean leyendo a un invidente o soportando las dificultades que implica aprender el lenguaje de los sordomudos y trabajar con una persona así.

Puedo prometer al lector que fácilmente podría hacer una lista de otras cien soluciones importantes para la desesperación de la soledad y tampoco me refiero al simple hecho de mantenernos ocupados: como trabajadores o como profesores voluntarios, trabajos apostólicos en una multitud... oportunidades personales para terminar una carrera, aprender un nuevo oficio, la lectura seria, meditación. Me refiero a labores muy necesarias y potencialmente gratificantes.

Y tal vez esa sea precisamente la clave, involucrarse en una labor. Ya que si se tiene un interés o amor real por una persona o personas, la desesperación existencial no necesita ser su destino. Albert Camus, el gran filósofo y escritor francés, encontraba la vida tan "absurda" que llegó a sentirse muy preocupado por la muerte y escribió un brillante ensayo sobre el significado del suicidio. Finalmente, llegó a la conclusión de que el amor, por una persona o por la humanidad, era su única respuesta a la desesperación existencial.

Cuando se vive en un estado de amor, se tiene una relación afectiva o se preocupa uno por los demás, resulta imposible sufrir la soledad en cualquier grado. Tal vez un psicoanalista lo diría así: la represión del amor y la agresividad se traduce en un amor por uno mismo doloroso e irreal, una sensación de aislamiento y depresión. La expresión del amor y la agresividad satisface la necesidad interior de disfrutar a los demás y el trabajo. La descarga importante de tales necesidades, al mismo tiempo, se traduce en un sentimiento real de valía personal.

Muchos eruditos sugieren que Cristo es el mejor ejemplo en la historia de una personal existencial desarrollada. En realidad, su mensaje de amor ha sido el más grande y eficaz ungüento para aliviar las heridas de la desesperación. En el marco de sus enseñanzas se puede encontrar una actitud vital viable para poder amar a los demás y consagrarse a ellos.

Y, a propósito, puedo decir sin temor a equivocarme con base en mi experiencia clínica, que quienes consideran que el problema de la soledad es el más fácil de resolver son esos cristianos sinceros que he visto y que han consagrado su vida pasada madurando una actitud de compromiso. Ya han sido personas auténticas en el pasado y, por tal motivo, buscan la oportunidad de estar solos para poder encontrar formas de manifestar su amor. Existen otras maneras de lograr una actitud así, para estar seguros. Pero el mensaje más importante que jamas haya sido emitido está al alcance y es accesible para todos.

Entonces, no hay que sentirse desesperados por la soledad. Más bien hay que aprender a llevar una vida de amor y nunca nos sentiremos solos.

Habla Billy Graham

El doctor Billy Graham, el gran orador y evangelista siempre es un excelente sujeto para una entrevista. Esta vez, lo encontré en una estación de televisión de Nueva York. Se ve juvenil y vivaracho como siempre. Lo interrogué sobre su familia y especialmente acerca de sus nietos.

"Mi hija está casada con un ciudadano franco-suizo", me explicó, "viven en el área francesa de Suiza y tengo tres nietos. A mi me hablan en inglés, pero se comunican en francés con todos los demás".

"¿Sabe usted de que hablan?"

"No, no tengo ni la más remota idea. No sé francés, pero, obviamente, conozco algunas palabras".

"La última vez que lo vi y lo entrevisté", interrumpí, "fue en Londres en la última noche de una de sus cruzadas religiosas".

"Si mal no recuerdo", trabajamos mucho aquella noche".

Comenté con el doctor Graham que nunca había visto que los habitantes de una ciudad tan involucradas con alguien como lo hacían en Londres con él, y que realmente lo habían invitado a visitar Inglaterra para reavivar el interés en la religión.

"Bueno, en Gran Bretaña hoy, sólo 10% de la población alguna vez va a misa; en Londres, la cifra se reduce al 5% y en algunas partes de Londres ésta se reduce a menos del .5%. Se ha generado un vacío —un vacío espiritual y estas personas acudieron en miles, congregándose un promedio de 125,000 cada noche en los auditorios y en circuitos cerrados de televisión. En el auditorio principal se dieron cita 27,000 personas y 70% de ellas eran jóvenes, menores de 25 años, y esto sucede en todo el mundo. En noviembre de 1967 llevamos a cabo una cruzada en Japón. Había quien pensaba que no asistiría nadie, pero el edificio más grande de Tokio, en el que caben 17,000 asistentes, se llenaba y atestaba de jóvenes todas las noches".

"Hay alguien que se pare junto a usted e interprete sus mensajes", pregunté.

"Sí, en Japón, Alemania y otros países. Y no se pierde absolutamente nada de lo que digo. Por ejemplo, si digo ´Dios es amor´, él dice ´Dios es amor´. Si digo, ´Dios es grandioso´, él dice ´Dios es grandioso´. Así de rápido. No lo dejo que interprete párrafos extensos.

"Recuerdo cuando el señor Kruschev estuvo en la sede de las Naciones Unidas. Decía aquellas frases tremendas y luego teníamos que esperar unos cinco ó 10 minutos para tener la traducción. Muchos de los concurrentes se habían quedado dormidos para cuando el intérprete había acabado porque no tenía la personalidad de Kruschev".

"Cuando tomo la Biblia, por ejemplo, me gusta que mi intérprete haga lo mismo. Cuando golpeo la mesa, quiero que él también la golpee. Me gusta que sea como mi eco y cuando las cosas se hacen así, la gente escucha".

"Recuerdo cuando el ex-presidente Kennedy iba a realizar una gira por América del sur; me pidió que fuera a la Casa Blanca donde estaban algunos miembros de su gabinete y me dijo lo siguiente, ´quiero platicar con usted frente a estas personas sobre la forma en que se dirige a un público con la ayuda de un intérprete porque lo he visto en la televisión y deseo hacerlo igual´. Entonces les hice una demostración y las personas del gabinete dijeron ´No, tendrá usted que tener un poco más cuidado con lo que dice. Puede usted decir una palabra fuera de contexto y tal vez el intérprete no capte el sentido exacto y surjan algunos problemas´. Y, por tal motivo, tuvo que recurrir a los métodos ortodoxos. Pero a mí me gusta el sistema de interpretación consecutiva".

El único líder religioso, aparte de Billy Graham, a quien vi hacer lo mismo era el Papa Juan Pablo II. Luego le pregunté si el reverendo se había reunido con los jóvenes revolucionarios en París o en alguna otra parte.

"El sargento Shriver, el embajador de Estados Unidos, el cuñado del ex-presidente Kennedy y su esposa invitaron a algunos líderes estudiantiles a cenar en París en su casa y al doctor Carson Blake del Consejo Mundial de Iglesias, a un teólogo jesuita y a un servidor. Tuvimos un debate y estuvimos ahí durante algunas horas. En verdad, eran más o menos las doce de la noche cuando terminamos. La señora Shriver llevó a sus hijos para que escucharan aquella conversación y tuvimos una de las pláticas más interesantes. A mí me pareció muy interesante porque el sacerdote jesuita afirmó que los ciudadanos franceses promedio hoy son totalmente marxistas y freudianos y que no hay influencia cristiana ahora en los círculos intelectuales. Independientemente de que tal aseveración sea cierta o no, estoy citando las palabras de aquel hombre. Y, no obstante, estos jóvenes —me percate en la conversación— muchos eran líderes estudiantiles involucrados en algunos de estas dificultades, admitieron que su problema era de carácter religioso. Están en búsqueda de una razón y un sentido para su existencia y un código moral con el que se puedan regir. Y siento que cuando termine de hablar, estaban preocupados por la muerte. Por ejemplo, hablamos acerca de la muerte del senador Kennedy y el hecho de que el último acto consciente que realizó fue haber estrechado el crucifijo o rosario o lo que sea que le hayan dado los meseros. En ese momento lo único que contaba con el agonizante senador Kennedy era la eternidad y Dios. Y estos estudiantes admitieron lo siguiente: que la mayor crisis a la que nos enfrentamos es la de la muerte y nuestra forma de hacerle frente".

"Reverendo, ¿cree usted que la iglesia tenga una fuerte influencia en los jóvenes del mundo". Quería su opinión al respecto.

"¿Le importaría llamarme Billy", inquirió, "no me agrada mucho que me digan Reverendo, simplemente dígame Billy, no llevo puesta la sotana. De hecho, si tuviera que volverlo a hacer, no estoy muy seguro de que me gustaría ordenarme como reverendo porque creo que me es más fácil comunicarme mucho mejor como Billy Graham que como reverendo".

"Creo que la iglesia hoy se involucra demasiado en asuntos políticos y sociales. Deberíamos dirigirnos al espíritu del hombre. Creo que éste tiene un cuerpo y una mente —tenemos grandes universidades para educar la mente— para el cuerpo, tenemos la medicina y las investigaciones médicas. Empero, el hombre es un espíritu y necesita a Dios y si la iglesia no lo administra, ¿quién lo va a hacer? Ahora, verdaderamente creo que la iglesia debería participar en asuntos como el de los derechos civiles y todas estas cosas, pero considero que el péndulo ha oscilado demasiado lejos. Por ejemplo, pienso que fue el gobernador de Minnesota quien a su regreso de una conferencia del Consejo Mundial de Iglesias comentó que había sido como asistir a un informe de gobierno o a una conferencia de las Naciones Unidas. En lugar de abocarse a los grandes asuntos de hoy, hablaban de cualquier problema imaginable en el mundo, del que se encargan los diplomáticos y para el que no son competentes".

"La iglesia carece de la competencia necesaria para abordar estos grandes asuntos políticos. Es una labor a la que se deben dedicar los cuerpos diplomáticos y líderes políticos. La iglesia debería dedicarse a las cuestiones espirituales y morales del hombre. Creo que los sacerdotes deberían dedicarse a predicar los aspectos fundamentales del Evangelio. Cristo habló muchas veces, con urgencia y sencillez y el pueblo lo escuchó —creo que la gente común hoy iría a la iglesia, si los sacerdotes predicaran ese tipo de mensaje y yo personalmente lo he estado intentando, y sí vienen, por miles".

"¿Hay algún pasaje en la Biblia que signifique más para usted que ningún otro?", fue mi siguiente pregunta.

"Ay, supongo que el primer versículo que me enseño mi madre cuando era pequeñito". Billy Graham esbozó una sonrisa y se le iluminó el rostro con ese recuerdo. "Mamá me estaba bañando un sábado por la noche, me disgustaba que me bañara por las noches y me dijo, ´quiero enseñarte algo de la Biblia´. Me enseñó 24 palabras que considero que resumen toda la Biblia: ´Como Dios amaba tanto al mundo dijo a su único hijo que quien creyera en él no perecería, sino que tendría una vida eterna´. Y para mí, la esencia de la Biblia es ese hecho, Dios nos ama y está dispuesto a perdonarnos.

"Más de la mitad de las camas de hospital en Estados Unidos en la actualidad son ocupadas por pacientes con alguna enfermedad mental y más de la mitad de esos enfermos están internados básicamente por sus sentimientos de culpa y lo más maravilloso en el mundo es saber que estamos perdonados y eso es lo que nos dice Dios en ese versículo, 'los perdono'".

"Qué opina de la trágica ocupación de Checoslovaquia", pregunté ya que sabía que el doctor Graham tenía una visión particular acerca de la Cortina de Hierro.

"En lo personal, tengo serias dudas de si la Unión Soviética podrá frenar esta tendencia que se está gestando en Europa del Este. Hace poco estuve en Austria y me reuní con muchos estudiantes universitarios checos y, en Suiza, lo hice con algunos líderes checos y yugoslavos, quienes me pusieron al tanto de algunas cosas que están sucediendo. Es indudable que en toda Europa oriental hoy existe un profundo deseo de libertad y creo que en la Unión Soviética está pasando lo mismo. Y considero que esta situación asusta a los líderes soviéticos, pero no estoy muy seguro de que puedan poner un freno a esta situación porque cuando millones de personas y, especialmente los intelectuales, quieren más libertad y menos censura, ha llegado el momento en que se sienten hartos del comunismo. Uno de los estudiantes hizo un comentario muy interesante. 'No queda un solo comunista dedicado en Europa oriental. Los únicos comunistas dedicados hoy están en Occidente'".

"Dijeron que ya no queda un solo comunista dedicado porque ya estaban hartos. Ahora hay muchos marxistas y tal vez sean socialistas, pero cuando se trata del comunismo soviético con su supresión de la libertad, creo que ya se sienten hartos".

Ahora los soviéticos le han vuelto a apretar las tuercas a las iglesias en la Unión Soviética. El liderazgo en el Kremlin está dividido. El liderazgo colectivo, como todos sabemos, no funciona tan bien".

¿Los hombres realmente sufren más que las mujeres en el matrimonio?

por el doctor Russel V. Lee

A pesar de los fallos unilaterales a favor de la mujer en la mayoría de los juicios de divorcio, los hombres realmente sufren más en el matrimonio que las mujeres. Esta condición es menos natural para el hombre; sus responsabilidades son mayores; aporta más y obtiene menos que la mujer en la unión conyugal.

En primer lugar, considerando al hombre por lo que es, un mamífero monógamo, el matrimonio es un estado raro y anormal. En la naturaleza, el macho cabrío, el toro, el semental o el primate recolecta alimento, domina, protege y preña al mayor número posible de hembras. Esto ha tenido importantes resultados genéticos benéficos al asegurar que las especies sean alimentadas por los machos más fuertes y agresivos. Sólo los fuertes procrean. El hombre en realidad comparte las mismas aspiraciones y se comporta como otros mamíferos. La represión de este instinto natural tan fuerte es una experiencia traumante y en realidad implica cierta agonía de conformidad. Pero no quiere decir que tal conformidad sea el modelo universal del comportamiento humano masculino. La poligamia ha sido difundida a lo largo de la historia de la raza humana y el concepto del matrimonio monógamo observado de manera estricta es relativamente nuevo. Y aunque esta institución del matrimonio monógamo sea reconocida como modelo de conducta, la mayoría de los estudios (Kinsey y otros autores) señalan que la estricta correspondencia no es totalmente universal. Pero esta especie de desacato no ayuda a mitigar la agonía ya que es igualmente traumatizaste ir contra las prácticas sociales aceptadas. Hoy hay quienes pugnan seriamente por volver a un sistema polígamo y argumentan bastantes razones al respecto, además del punto que hemos señalado respecto de la tendencia en este sentido. Como todo mundo sabe, sobran las mujeres en edad casadera. Y además de la preponderancia numérica real, las cosas se empeoran por el número de hombres que, por una u otra razón, no son aptos para el matrimonio. Entre estos motivos de descalificación están la homosexualidad, el alcoholismo, la psicosis y la insolvencia económica. Tales fallas, aunque obviamente son comunes entre ambos sexos, son mucho más serias cuando se presentan en el hombre. La impotencia y la homosexualidad desde tiempos inmemoriales han imposibilitado al hombre para el matrimonio, pero no a la mujer. Un hombre psicótico en el matrimonio, o uno alcohólico, invariablemente harán del matrimonio un desastre, pero es casi seguro que una mujer alcohólica o psicótica es bastante protegida bajo el abrigo del matrimonio para que supere sus problemas, aunque estas mismas condiciones en el hombre son sinónimo de desastre. Por lo tanto, se puede decir que la fuente principal de agonía es la violencia que ejerce sobre el matrimonio el instinto biológicamente innato hacia la promiscuidad.

Hay otras causas de agonía, que afectan de manera particular al hombre más que a la mujer. Una de ellas es el fuerte impulso por la libertad ante las limitaciones. El hombre primitivo vagaba lejos y con libertad como cazador; la mujer se retraía a la protección de la cueva. Por lo general, el hogar es el mundo para la mujer; muchas veces es una jaula para el hombre amante de la libertad. El club inglés y la anticuada cantina (a la que no podían entrar las mujeres) representan intentos del mundo moderno por alcanzar esta libertad. El regaño femenino "¿dónde has estado todo este tiempo?" es parte de la agonía de la libertad perdida.

La pérdida del papel de héroe en el matrimonio contemporáneo implica la violentación de otro impulso psicológico masculino muy arraigado; es decir, el deseo de ser héroe. Una vez más, cuando el hombre llevaba su presa a casa, era un héroe; cuando mataba a su oponente y robaba a su mujer, se convertía en héroe; cuando el hombre, como macho, dominaba a un grupo considerable de mujeres, también era un héroe. Ahora, una vez lograda la igualdad, salvo quizás en el cuadrilátero, el hombre ya no es un héroe. Y extraña serlo. Hay algunas esposas inteligentes que siguen recurriendo a la técnica del "¡qué maravilloso eres!", pero ésta es un tenue substituto del pedestal del héroe.

Empero, a pesar de la llamada igualdad de los sexos y del considerable aumento de plazas de trabajo para los mujeres fuera de casa, el hombre en el matrimonio sigue siendo sujeto de algunas presiones de tipo económico. Se supone que debe ser el proveedor de su familia. Para algunos hombres esto es imposible. Todos los padres siempre sienten la implacable presión de "llevar la comida a la casa". Estoy seguro de que no existe una experiencia más difícil que la del marido y padre que debe suministrarla y encontrarla y quien, a pesar de sus esfuerzos, no logra satisfacer las necesidades de su familia. Para aproximadamente el 10 por ciento de quienes no lograrán triunfar, el matrimonio se convierte en una pesadilla mayúscula si éste también incluye la paternidad.

La paternidad siempre ha sido muy bien vista, tal vez sólo ligeramente menos que el conocido acto agradable de la procreación, que debe precederla. Desde tiempo inmemoriales, el hombre siempre ha tomado intrincadas medidas precautorias para asegurarse de la legitimidad de su descendencia. la procreación de muchos hijos, especialmente si eran varones, significaba una fuente de poder si se era guerrero, cazador o campesino, y en aquellos tiempo esas era las únicas posibles actividades. Y cuando, como en el pueblo de Carl Sandburg del hígado y las cebollas "todo era como siempre" los hijos, enseñados por su padre, seguían sus mismos pasos. Nada más. salvo en el caso de los médicos o los abogados, los hijos muy pocas veces estudian lo mismo que sus padres y cuando así sucede, los avances de la modernidad han sido tan espectaculares que siendo mejores que ellos. No es nada agradable tener un hijo más sobresaliente que uno y que se jacte de ello ante nosotros.

La habilidad sobre la que depende en mayor medida la sobrevivencia de la raza humana es la adaptabilidad del hombre. Este vive en fríos *igloos* bajo el sol de medianoche y logra sobrevivir; vive desnudo bajo los abrasadores rayos del sol y no le pasa nada. La raza humana ha sobrevivido las más atroces y sangrientas tiranías y desgarradores pesadillas de un mal gobierno. Ha sido capaz de adaptarse a todos estos extremos y a distintas condiciones poco naturales. Se puede adaptar, y así lo ha hecho, hasta al matrimonio con todas sus limitaciones inherentes. Pero es un hecho que seguimos adelante —lo sorprendentes avances en las ciencias médicas, el transporte, los medios de comunicación y los métodos para matarnos unos a otros seguramente no se comparan con los avances logrados en el gobierno o la sociología. Pero son posibles. La mejor comprensión del maquillaje psicológico del hombre y de las influencias antropológicas y evolutivas sobre su comportamiento permiten tener nuevos enfoques a los problemas comunes de la vida. Ya no hay razones para ver la institución matrimonial como estática más que otras instituciones humanas. Dejemos de sufrir al respecto por un momento. Más bien apliquemos nuestros conocimientos , establezcamos una institución que preserve y desarrolle los grandes valores del matrimonio hasta llegar a algo que se adapte mejor a las facultades y debilidades del hombre.

Las seis etapas del matrimonio
por Mollie Gillen

Si está pasando por una prueba en su matrimonio, no está usted solo. En un estudio realizado por el connotado trabajador social canadiense, el doctor Ben Schlesinger, se llegó a la conclusión de que todos los matrimonios comparten etapas en común, con problemas generalmente comunes. Esto es lo que pueden esperar o la manera en que las parejas de recién casados o de quienes lo han estado durante mucho tiempo pueden enfrentar los retos.

Charley Worth echó un vistazo a su reloj mientras doblaba la esquina cuando iba rumbo a casa. Seis y media: los Renshaw no llegarían sino hasta la siete treinta. Le quedaba una hora, pensó con gran satisfacción, para preparar los tragos y ver los detalles de último momento para los que Francie necesitara su ayuda.

Metió su llave en la cerradura.

"¡Hola Francie! ¡Ya llegué!"

La casa olía a cera para muebles y flores recién cortadas. ¡Qué bien!, pensó. Confiaba en que Francie tuviera todo listo. Recordaba la primera vez que había invitado a su jefe y su esposa a cenar, justo un año antes, y lo orgulloso que se había sentido de Francie. Había puesto los cubiertos de plata y las copas de cristal cortado de Suecia, como en una fotografía de revista. Francie había estado recatada y serena, con un peinado elegante y un fino vestido entallado y los invitados habían quedado sorprendidos. No era extraño que hubiera sido promovido hacia la sección del señor Renshaw después de aquella ocasión: en la empresa se buscaba que en la nómina se incluyeran jóvenes modernos y progresistas con un fuerte sentido de la solidaridad familiar.

"¡Hola, Francie!", volvió a gritar y se dirigió a la cocina. No estaba ahí. Había algunos platos en la barra. Encontró en el refrigerador varios moldes caprichosos de gelatina y el pastel especial de albaricoque de Francie con un complicado adorno en forma de reja. En la cocina había muchos olores apetecibles, pero no estaba Francie.

No se escuchaba ningún ruido en el piso de arriba. Debía de haber podido dormir al niño sin trabajo. Se quedaría tranquilo hasta que le tocara su biberón de las doce en punto, cuando cautivaría a los Renshaw con adorables sonrisas alegres y mostraría a Francie en otro de sus impresionantes papeles, el de una dedicada y capaz joven madre.

Charley comenzó a subir por la escalera —y se detuvo—. Con su vieja bata ceñida al pecho y el negro cabello desaliñado, Francie lo miró con el rostro pálido.

"Discúlpame", dijo en tono bajo y con la voz quebrada. "Tendrás que arreglártelas tú solo, de alguna manera. Todo está listo —el pavo está en el horno, las verduras están en la parrilla, ya hice la ensalada, encontrarás postre en el refrigerador, la casa está limpia y ya puse la mesa. También bañé y dormí al niño. Pero no me siento bien. Siento que se me parte la cabeza y si permanezco de pie no me pondré bien. Me voy a acostar".

Ya era demasiado tarde para cancelar la cena. Los Renshaw era comprensibles y entendían las dificultades a las que se tenía que enfrentar una madre y esposa joven. La cena salió a pedir de boca. Pero se habían hecho incómodos silencios que a Charley había costado trabajo llenar. La señora Renshaw se quedó callada en la sala cuando la plática derivó en asuntos de la oficina y Charley la sorprendió bostezando un par de veces. Se marcharon bastante temprano y volvieron a expresar su comprensión.

Charley nunca llegó a entender a cabalidad las razones por las que él y Francie habían empezado a discutir al día siguiente —bueno, no había sido precisamente una discusión, sino que más bien ambos habían comenzado a ser muy amables y fríos en su trato—. Todo había sido un fracaso, afirmó Charley, y no era necesario haber limpiado la casa tan a conciencia o haberse esmerado tanto con la comida, por Dios santo. Francie espetó que había pensado que trataba de impresionar a los Renshaw y cómo esperaba que hiciera todo eso y que además atendiera al niño. Bueno, dijo Charley, los Renshaw en realidad no habían quedado muy impresionados con una esposa que ni siquiera había estado en su propia cena y preguntó por qué no había pedido que alguien la ayudara si era tan difícil. ¿Con lo que ganaba?, preguntó Francie a gritos.

Lógicamente, no tardaron mucho en limar sus asperezas. Tenían suficiente sentido común para darse cuenta de los ajustes hechos necesarios por la llegada del niño crearían muchas más crisis similares en los días por venir. Empero, para muchas parejas jóvenes, las presiones que se generan conforme el matrimonio va atravesando por las diferentes etapas puede generar algunas grietas precarias en la relación, que hasta pueden pasar inadvertidas bajo la presión. En momentos así, el apoyo y estímulo de sus propias familias y la conciencia de que no están solos en sus problemas pueden ser de gran utilidad.

"Charley y Francis atraviesan por lo que he dado en llamar la segunda de las seis etapas en el ciclo matrimonial", asegura el doctor Benjamin Schlesinger, profesor asistente en la facultad de trabajo social de la Universidad de Toronto. "Se trata de una familia en la etapa de crianza. La primera fase, el nacimiento de la familia, abarca los dos primeros años de matrimonio, antes de la llegada del primer hijo, cuando los cónyuges se encuentran explorando la relación, descubriendo su personalidad y haciendo cosas juntos. La familia en etapa de crianza ha estado casada entre dos y cinco años, su hijo tiene hasta tres años de edad y la pareja ha empezado a darse cuenta de que la feliz intimidad de los primeros días de la unión es muchas veces interrumpida por las necesidades del nuevo miembro. Cada uno de los cónyuges experimenta un sentimiento de pérdida y deja de ser el centro de atención del compañero. Esa es la razón por la que Charley Worth resentía las interferencias que parecían impedir que Francis viviera según las expectativas de él.

"Pero como se puede observar", asegura el doctor Schlesinger, "mientras cada familia crece a través de los años a su propio modo en particular, todas las familias atraviesan por las mismas etapas del ciclo de vida familiar. La forma en que se las arreglan para superar los cambios en su ciclo de desarrollo es la medida del éxito o fracaso en el matrimonio".

Ya desde 1931 los sociólogos comenzaban a hablar de la vida familia como un ciclo, con etapas definibles. En 1961, como tesis para obtener la licenciatura en filosofía, el doctor Schlesinger hizo un detallado estudio para analizar el surgimiento de la relación de toma de decisiones de un grupo seleccionado de parejas conforme transcurrían los años de matrimonio. Sus conclusiones pueden ayudar y consolar a muchas jóvenes parejas que, inconscientes de que otras parejas en las mismas condiciones enfrentan la misma clase de problemas, tal vez lleguen a pensar que sus difíciles ajustes se deben exclusivamente a deficiencias personales.

El doctor Schlesinger optó por un ciclo de seis etapas:

	Hijo mayor	Años de matrimonio
1. Familias en etapa inicial	Sin hijos	2
2. Familias en etapa de crianza	Hasta 3 años	2-5
3. Familias con hijos en edad pre-escolar	3-6 años	5-10
4. Familias con hijos en la escuela	6-13 años	10-15
5. Familias con hijos adolescentes	13-20 años	15-25
6. Familias como bases de lanzamiento	20-27 años	25 años o más

Para este estudio, se escogió a 120 parejas, todas ellas residentes en áreas urbanas, casadas sólo una vez, nacidas en este Continente y habían asistido a la universidad (aunque no necesariamente se habían titulado). Fueron incluidas parejas en diferentes grupos de edad para poder hacer una comparación entre los distintos modelos que podrían surgir en las diferentes etapas de la vida conyugal.

A cada participante en el estudio se le proporcionó un extenso cuestionario y se le pidió que respondiera las preguntas por separado. Los cuestionarios fueron complementados con algunas entrevistas y algunas grabaciones en *cassette*, en las que se planteaban algunas de las 80 preguntas principales, muchas de las cuales contenían hasta 18 sub-temas, para cubrir casi todos los grados posibles de variaciones emocionales. El microscopio se enfocó en el manejo del dinero, el sexo, la administración del hogar, el entretenimiento y las actitudes que iban desde los besos y las bromas hasta los obsequios.

Las conclusiones del estudio del doctor Schlesinger son un indicio de que los puntos altos y bajos en un matrimonio en particular son similares a los de cualquier matrimonio en la misma etapa. "La toma de decisiones y la comunicación", afirma el doctor Schlesinger, "son parte de la actividad cotidiana del marido y la esposa. Ofrecen un buen modelo mediante el cual se puede evaluar la cercanía de la relación matrimonial. La tendencia observable en este estudio varió entre una gran participación conjunta en la toma de decisiones en las primeras dos etapas del ciclo familiar hasta una disminución en la quinta etapa (Familias con hijos adolescentes). En la sexta fase, o periodo de lanzamiento, se observó una renovación de consulta y toma de decisiones en forma conjunta".

Parecía que el estudio sustentaba la idea popular de que "la esposa" debía tender a preferir las obligaciones de hogar y que el marido no debía entrometerse en este sentido, sino que debía dedicarse a los asuntos de dinero", y que las decisiones debían ser tomadas por los padres e impuestas a los hijos —aunque había señales de que la toma de decisiones se considera ahora cada vez más como una tarea "familiar", con la participación cada vez mayor de los hijos.

La primera etapa

En la primera etapa —generalmente los dos primeros años idílicos de la relación matrimonial— la nueva pareja está ocupada "conociendo mútuamente". Como lo afirmó una novia de 21 años de edad, "parece que siempre estamos tomando decisiones juntos, como lo que debemos comprar en el supermercado, la clase de tapiz para el departamento, los amigos que debemos invitar y el tipo de auto que deseamos comprar... Nos sentamos y platicamos de lo que hicimos en el día... Es divertido... nos ayuda en nuestro matrimonio".

"Claro que sí", afirma en doctor Schlesinger. "Es el ejemplo perfecto de la toma compartida de decisiones, y un matrimonio así está en el camino correcto. Algo de lo que los padres deben tener cuidado es del predominio de las decisiones de uno de los cónyuges —como el marido que insistía en escoger la ropa de su esposa y la mujer que pidió a su esposo que dejará de arreglar el jardín por el desorden. O, al contrario, la falta de interés cuando llega el momento de tomar decisiones. A Bill le llama la atención que implica viajar, pero Nancy no quiere escuchar sus planes: es una mujer hogareña y quiere estar a gusto con sus familiares y amigos. Owen es un tipo de mentalidad cuadrada, a quien le gusta que le sirvan la cena puntualmente a las seis, pero Claire, una persona caprichosa, se olvida del reloj cuando está leyendo, pintando o viendo un emocionante programa de televisión. Es fundamentalmente un asunto de compromiso, como se puede apreciar, y entre más pronto la pareja aprenda a dar y recibir, mayores serán las probabilidades de encontrar la felicidad".

La segunda etapa

Es en la segunda etapa (la familias en etapa de crianza) cuando los nuevos papeles del padre y la madre se agregan a los del marido y la esposa y la mayoría de las decisiones ahora se centran en el hijo, cuando comienza el verdadero riesgo de una desavenencia: no necesariamente en disputas y discusiones, sino en un distanciamiento, una profunda fisura entre la pareja sin ser conscientes de la misma, la posible negación de la relación entre el marido y la esposa. Es posible que el joven padre tenga que trabajar tiempo extra para incrementar el ingreso familiar o que se vea reducido el nivel de vida por el costo adicional derivado del pequeño tercer miembro. El trabajo de la casa se ve un poco descuidado: los pisos no son encerados con la misma frecuencia, los anaqueles a veces están polvosos, tal vez las comidas no sean preparadas a tiempo y con el mismo glamor que antes.

"Es el momento en que la joven esposa debe estar particularmente en guardia", advierte el doctor Schlesinger. "naturalmente, está involucrada de manera más íntima en la futura llegada del hijo que el esposo— tiene que adaptarse a los cambios físicos y psicológicos en ella misma y en el estado de la familia. Pero debe recordar que es una esposa y futura madre. Puede tratarse de una etapa maravillosa, pero no deberá concentrarse día y noche en el niño. Tal vez suene ridículo, pero es posible que el marido se llegue a sentir celoso de su propio hijo nonato porque parece que le está quitando algo del amor de su esposa".

Yo daría el siguiente consejo a esta mujer: ´Involucre a su marido, reconozca su futuro papel de padre´. Entre más sepan los maridos acerca del embarazo, más participarán en todos los preparativos y más sencillo será para la pareja esperar a su nene sin menoscabo de la cercanía entre el marido y la esposa. ´Tomé clases prenatales con mi esposa´, me dijo un joven hombre, ´y aunque no lo crea, cuando trajimos a nuestro hijo a la casa me hice un experto cambiándole los pañales y bañándolo. Por las noches y los fines de semana ayudo en sus cuidados. Con esto le aligero la carga... y debo confesar que me gusta mucho procurar por él".

"Si los dos cónyuges participan en estas primeras etapas, se crean lazos afectivos entre ambos en torno del interés común hacia el pequeño. Y no hay que pensar ni por un momento en el posible afeminamiento del hombre que cuida a su hijo. la ternura es un sentimiento independiente del sexo. En el estudio de Cornell encontramos una fuerte actitud igualitaria respecto de las crianza del hijo y, en este sentido, se observó el aparente surgimiento de una despreocupación ante los patrones conductuales masculinos y femeninos. Por supuesto es algo muy positivo. Es inevitable que se dé una mayor cercanía".

La tercera etapa

Cuando el matrimonio llega a la tercera etapa, es posible que los hijos en edad pre-escolar y los recién nacidos hayan logrado absorber casi por completo la atención de la madre, quien cada vez encuentra menos tiempo disponible para hacer su papel de esposa. "parece que nada más me la pasara cambiando pañales y recogiendo los juguetes de Wendy", se quejaba una madre. "El nene tiene cólico ahorita y despierta a Wendy cuando llora en las noches. Mi esposo llega a casa del trabajo y espera que esté limpia y ordenada. A veces quiere salir como antes. No se da cuenta de que tengo un trabajo de tiempo completo que acaba con mi energía. Me he vuelto esclava de mis hijos".

Su marido también se queja. "Jenny se ha empezado a descuidar. Todo el día se lo pasa cuidando a los niños y se preocupa innecesariamente siempre que lloriquea uno de ellos. Solíamos divertirnos mucho juntos. Ahora parece que se ha desvanecido todo su atractivo y sensualidad. A veces me gusta quedarme tarde en la oficina, para no llegar temprano a casa".

"En este caso", explica el doctor Schlesinger, "se han confundido los papeles y funciones de cada uno de los cónyuges. Esta pareja ya ha dejado de hablar acerca de sus sentimientos —está a punto de perder la capacidad de comunicarse—. El amor entre el marido y la mujer es uno de los elementos más importantes cuando se trata de mantener la relación en un punto de equilibrio. Son demasiadas definiciones de amor —preocupación por los intereses de la pareja, el placer de las relaciones sexuales normales, la celebración de pequeños aniversarios personales y el reconocimiento de que el matrimonio no es sólo para procrear hijos, sino para gozar de la ´cercanía´ íntima que se acrecienta en los buenos matrimonios".

"¿Qué hacer al respecto? Bueno, se trata de una etapa en la es posible que hayan algunos problemas para poder vivir con lo que se gana, y poco excedente para pagar a alguien para que cuide a los niños o para salir juntos a divertirse. Las familias pueden ayudar —las abuelas, tías, hermanas—. Algunas parejas jóvenes se ponen de acuerdo con sus vecinos para poder salir a divertirse por las noches, turnándose el cuidado de los hijos. Tal vez el padre pueda quedarse en casa mientras la madre sale por la noche con las muchachas, y viceversa. En el caso de una pareja que conocía, la madre iba a la primera función de un cine local y el padre veía la película en una función posterior. Luego se divertían analizando la cinta. Pasaban muy poco tiempo lejos de los chicos, lo sé, y tal vez era una forma solitaria de hacerlo, pero es un matrimonio que ha marchado bien".

La cuarta etapa

Una vez iniciada la desavenencia —no necesariamente con antagonismos, ni con cierta clase de incompatibilidad fundamental, sino con el distanciamiento inconsciente— las ruidosas exigencias de la cuarta etapa (Familias con hijos en edad escolar la situación se agrava más. Los chicos están en la escuela y la madre descubre una brecha repentina e inesperada en su vida.

"Es chistoso", aseguró una madre. "Esperaba con ansia que mis hijos entraran a la escuela para tener más tiempo. Ahora se han ido y los extraño. Pienso buscar un trabajo de medio tiempo para mantenerme ocupada". Agregó con anhelo. "Supongo que Ken y yo podamos empezar a hacer cosas juntos de nuevo, como antes. Pero se ha echado a cuestas más responsabilidades en la oficina —Dios sabe que necesitamos dinero— y de cualquier manera, parece que ya no nos interesa hacer las mismas cosas juntos. Tal vez seamos víctimas de la rutina".

"Muchas parejas jóvenes nunca tuvieron ni tienen los mismos intereses", afirma el doctor Schlesinger. "Lo que les interesaba era compartir las decisiones que tenían que ver con su vida juntos. Si pierden ese interés, ¿qué es lo que les queda? Fue precisamente en esta cuarta etapa cuando observamos el principio de una división evidente en la toma de decisiones entre el marido y la esposa. Tal parece que es el esposo quien toma las decisiones cuando se trata de los gastos, como la adquisición de un coche, de aparatos electrodomésticos o el pago de deudas. En lo que se refiere a las decisiones del hogar, es probable que la esposa haya tomado casi todas las decisiones y pocas veces consulta al marido —tal vez porque el ha hecho patente su aburrimiento—. ¡Es una lástima! Se pierden de mucho de lo que deberían compartir.

"Si la pareja es capaz de evitar moverse por caminos separados en esta cuarta etapa, si pueden permanecer juntos en sus decisiones, entonces el matrimonio crecerá en la abundancia y el placer. La esposa debería hacer grandes esfuerzos en esta fase por mantenerse al lado de su marido. Tal vez obtenga grandes dividendos si se interesa por los deportes que le atraen al marido, si hace algo con él, como ir a un club de boliche o un grupo de baile o si estudia a fondo sus operaciones comerciales. El entusiasmo evidente en relación con los intereses propios de la esposa a veces también acabará despertando el interés del marido y ésta se percatará que lo ha conducido a campos totalmente nuevos, para beneficio de ambos. Desde luego, agrega serio el doctor Schlesinger, ´lo que es parejo no es chipotudo´. El marido debe esforzarse igual por compartir los intereses de su mujer".

La quinta etapa

Si en esta fase la pareja ha marcado la separación de papeles, parece casi inevitable que cuando haya llegado a la quinta etapa también habrá alcanzado el punto bajo de la comunicación entre los cónyuges. En el estudio del doctor Schlesinger, este patrón se hizo muy evidente. Los hijos ya han alcanzado la adolescencia y los miembros de la familia tienden a dispersarse en distintas direcciones. La madre se incorpora al Grupo de Apoyo a Madres de Chicas Adolescentes; el padre decide impartir clases de carpintería en el centro comunitario. Aunque es posible que estas actividades absorbentes nazcan de las necesidades e intereses de los miembros de la familia y que en realidad puedan significarles una ayuda directa, irónicamente pueden tener un efecto negativo en la cohesión de la relación matrimonial.

¿Por qué? ¿Por qué cuando se supone que los padres tienen mayor libertad ahora para compartir actividades, para apararse ocasionalmente de la familia? "Tal vez porque a lo largo de los años se haya creado un hábito", asevera el doctor Schlesinger. Tal vez debido a la falta de privacidad: muchas parejas que conozco se quejan de que ahora sus hijos se acuestan tarde y no paran todo el tiempo; simplemente se les niega la oportunidad de disfrutar una plática tranquila e íntima, como en el pasado. Creo que es básicamente porque los padres han adquirido la costumbre de tomar decisiones por separado en las áreas de su injerencia personal, sin consultarlo con el otro. El padre por lo general ha llegado a determinada meseta en su carrera profesional y concentra tiempo y energía en su trabajo. Tengo que ser productivo para mantenerme en la cima´, afirmó un ejecutivo empresarial de bajo nivel. ´Las actividades sociales son parte de mi trabajo y suelo reunirme con organizaciones comunitarias para firmar contactos de negocios. rara vez estoy en casa por las noches, al igual que mi esposa —quien colabora con juntas del seguro social y trabaja medio tiempo en la Cruz Roja—. Bob, quien tiene 14 años, pasa más tiempo con sus amigos que en casa. Jane, de 16 años, tiene un novio permanente que la mantiene ocupada. Nuestra casa es sólo donde descansamos antes de pasar a la siguiente actividad o reunión´.

"Es especialmente importante en esta etapa", agrega el doctor Schlesinger, "recordar la relación entre el marido y la esposa requiere nutrientes y cuidados y consideración como la crianza de los hijos y la atención que se pone a la marcha de los negocios. Pero es un asunto de pareja. No funcionará si el marido no se interesa por decirle a la esposa lo que sucedió en la oficina o si la mujer se muestra aburrida por la descripción del nuevo cliente. Como se puede ver, es necesario trabajar en todas las etapas del matrimonio".

La sexta etapa

Si se ha llegado al punto bajo de comunicación en la quinta etapa del ciclo matrimonial, ¿qué podemos decir de la sexta etapa, la del periodo de lanzamiento?

"Era uno de los hechos interesantes que se observaron en este estudio", afirma el doctor Schlesinger. "Esta es la disyuntiva: se puede mirar hacia atrás con dolor o se mira hacia adelante con anticipación. Los hijos han dejado el hogar y comienzan a formar su propia familia. Ya no se escucha la alharaca de los adolescentes, se acabaron las discusiones y en nuestra mesa se vuelven a poner sólo cubiertos para dos, como al principio".

Una mujer de 50 años rememora. "A dondequiera que miro, veo una casa vacía. Mis hijos viven a varios miles de kilómetros de distancia. Ocasionalmente me llaman, pero me gustaría verlos con más frecuencia. Me mantengo activa haciendo trabajo organizativo, pero parece que los pájaros han volado y dejado vacío el nido. No es fácil para una madre ver a sus hijos abandonar el hogar".

Otra esposa pensaba en el futuro. "Es como el principio de nuestro matrimonio, hace 30 años —los dos solos juntos de nuevo—. Me da gusto que los chicos ya se hayan establecido. Me siento más cerca de Ted que hace muchos años. Hablamos de los viajes que vamos a hacer. Hemos empezado a ir juntos de nuevo al teatro. A Ted le gusta la jardinería y me pregunta lo que deberíamos poner en las guarniciones y junto al pórtico. En verdad es como volver a empezar".

Este es el tipo de pareja que mantendrá vivo el matrimonio. Un viaje juntos puede hacer maravillas. Hay una pareja que no va muy lejos —se queda en casa, pero hace largos recorridos durante el día en el nuevo automóvil que eligieron juntos ("después de tres semanas, muchas veces hemos recorrido más de 10,000 kilómetros"). Otra pareja se ha cambiado a una casa nueva y más pequeña ("fue como irnos otra vez de luna de miel, volverla a decorar y hacer planes"). Tal vez sea el momento en que el marido busque otro empleo diferente al que ha venido haciendo durante años o para que la pareja empiece a tomar clases de francés, leer grandes obras o aprender a jugar cartas.

"En el estudio de Cornell, muchas de las parejas anhelan acercarse de nuevo", asegura el doctor Schlesinger. "En cierta forma era triste —los nuevos descubrimientos de cada quien daban razón de lo que se habían perdido al alejarse en la etapas previas—. Considero que el objetivo primordial de un estudio así consiste en aprender esta clase de lecciones, para poder ayudar a las parejas jóvenes a evitar la innecesaria pérdida de la comunicación y, con ella, mucha de la felicidad que habían esperado compartir durante el resto de su vida".

¿Entonces, cuál es el tipo de familia con más probabilidades de seguir siendo feliz? Para el doctor Schlesinger, serán aquellas familias cuyos miembros puedan compartir su entusiasmo con los demás integrantes. "No necesariamente sus intereses", explica, "pero el entusiasmo ante tales intereses, sin importar su naturaleza. Permítanme poner un ejemplo. Hay una familia a la que conozco —a la que me referiré como los Byrne—. Esta integrada por el señor Byrne, de 52 dos años, y quien trabaja como empleado administrativo en una empresa de productos enlatados. La señora Byrne, de 50, edita una modesta revista educativa. Rita, de 19 años, estudia en la universidad. Luego está Ron, quien cursa la secundaria, y Alison, la hija de 12 años. Muchos considerarían que la rutina de esta familia es totalmente ilógica —sin embargo, es una de las unidades familiares de mayor éxito que conozco—

"A Rita le interesa la literatura. Ron colecciona monedas y Alison sólo piensa en el baile clásico. Pues bien, Ron puede vivir sin la danza y a Rita le importan un comino las monedas, pero cuando a Alison la eligen para bailar El Príncipe en la presentación del Lago de los Cisnes en su escuela o cuando Ron llega corriendo y festejando haber encontrado una moneda de 25 centavos de 1947, toda la familia se regocija. A la señora Byrne le gusta cultivar semillas de naranja, aguacate y camote y el nacimiento de un brote es motivo de elocuente alegría familiar.

"Los Byrnes no tienen funciones específicas dentro de la familia. Quien tiene tiempo en el momento es quien lava los trastos; a veces, simplemente se apilan de manera ordenada y nadie los lava porque hay cosas más importantes que hacer. Ocasionalmente, el señor Byrne prepara toda la comida y toda la familia se sienta a la mesa, pero esta es la excepción. Es mucho más probable encontrar a Rita haciendo *wafles* a las dos de la mañana —estudia por las noches y duerme cuando puede entre clases—

o a Alison calentándose de cenar mientras ve la televisión o a Ron clasificando monedas en su habitación. La señora Byrne mantiene el control sobre la dieta general, pero todos han aprendido los principios nutricionales básicos y se mantienen tan saludables como animales jóvenes. A veces es posible encontrar al señor Byrne pasando la aspiradora entre los miembros de su cubil, a la señora Byrne hablando con Rita de las siete órdenes de ángeles y a Alison arrellanada en el sofá grande leyendo la biografía de Tchaikowsky. Cuando llega Ron, es posible que el señor Byrne se asome a la puerta y lo invite a escuchar la canción de moda (es aficionado a la música de *jazz*) y tal vez Rita vaya a la cocina a ayudar a secar los platos que Alison ha empezado a lavar sin que nadie se lo pida.

"Se trata, como ya dije, de una familia en la que no se tienen papeles específicos y todos hacen lo que se requiera en el momento. Existe una división equilibrada de las labores y no se da a éstas ningún sentido de obligación virtud —todos hacen lo que se tiene que hacer para beneficio mutuo de todos—. Lo mejor es esa participación de entusiasmos".

"Ocasionalmente hay pelea por planchar una blusa en el último momento y el señor Byrne no encuentra sus calcetines limpios; pero como dice, esas no son las cosas relevantes. Lo importante es que cada miembro de la familia es un ser independiente y todas las decisiones se toman por consenso. ´Bueno, no nos sentamos precisamente y celebramos un consejo familiar´, me comentó dudando. ´Es decir, no lo planeamos de manera consciente, pero de alguna manera sólo hablamos de todo lo que planeamos hacer porque nos interesa sobremanera´".

"Tal vez no todos serían felices viviendo así", dice el doctor Schlesinger, "y en realidad no sería posible hacerlo. Pero siempre hay que tener presente que hay que trabajar en el matrimonio; no podemos suponer que la experiencia romántica que decidimos iniciar alguna vez conserve su encanto y felicidad sin hacer ningún esfuerzo. Todo matrimonio tendrá sus altibajos; será la pericia con que se manejen la que se traducirá en una buena paternidad".

"Y si hay algo que quedó muy claro con el estudio de Cornell, fue que entre más analicen las situaciones los miembros de una familia y tomen sus decisiones en forma compartida, mayores serán las probabilidades de que matrimonio se convierta en la experiencia extraordinariamente cálida que nos propusimos".

Las esposas a dieta son difíciles
por Claudette Colbert

Me gustaría salir de mi esquina segura y cómodamente neutral —de la que tal vez ninguna esposa satisfecha se debería apartar jamás— a una distancia suficiente para defender al ser más sufrido y miserable del siglo: el hombre. Es el esposo de una mujer a dieta.

Mientras lee usted estas líneas, literalmente millones de esposos confundidos viven desesperadamente al borde un mundo cambiante con esposas, alguna vez joviales, que han dado en comer alimento para pollos y se han dedicado a fastidiar a sus maridos.

Sin embargo, he visto lo que muchas veces le pasa a la armonía doméstica en los hogares de mis amigos de Hollywood en los que la esposa llega a la súbita conclusión de que está "muy gorda". Después de comer sin control, de pronto se somete a una dieta rigurosa. Tras haber visto en acción a estas mujeres frustradas por la comida, todo lo que puedo decir es que dios coja confesada a las pobres personas a su alrededor.

Siempre me ha sorprendido el hecho de que el hambre, cuyas punzadas hacen que los niños lloren molestos y a pueblos enteros levantarse en revueltas, no haya sido oficialmente reconocida como la causa de caos matrimonial. No soy psiquiatra ni médico, pero he desarrollado una teoría a la que llamo la "Ley de Colbert". El bajo consumo de calorías se traduce en un carácter explosivo. He encontrado un apoyo entusiasta a mi teoría del hambre entre muchos cuyas opiniones tengo en alta estima.

Jean Kerr, autora de un libro inteligente, *Please Don't Eat the Daisies* [*Por favor no se coma las margaritas*] me convenció de que no era la primera aficionada en notar que los maridos preferían que sus esposas estuvieran pasadas de peso, pero no nerviosas.

"Las mujeres que están siendo abandonadas", escribió, "son las esbeltas, delgadas y enjutas como palo. Lo único que hace que el hombre se olvide de lo grueso o delgado es una chica con la que sea divertido convivir. Y todas aquellas chicas que lo único que se han llevado a la boca desde las nueve de la mañana son tres huevos duros son tan agradables como un auditor fiscal".

Más del apoyo espontáneo a la "Ley de Colbert" provino del conocido director de una agencia de moda y modelaje de Nueva York, que se especializa en maniquíes. "No hay duda al respecto", afirmó, "no es raro que las modelos profesionales se desquiten con el primero que encuentren. No es raro que los fotógrafos caros y sus asistentes se alejen durante una hora mientras una modelo a medio morirse de hambre hace una rabieta. Cuando una mujer se pone a dieta, lo primero que se le ven no son los huesos, sino los nervios".

Investigué más a fondo y me enteré de un interesante experimento realizado en la Clínica Mayo hace algunos años. Un grupo de felices mujeres fue programado para ser sometido durante seis meses a una dieta baja en tiamina, que es como también se le nombra a la vitamina B. Mucho antes de que concluyera dicha dieta, se desató la tempestad.

Según el doctor Russel Wilder, quien supervisó la prueba, era imposible convivir con aquellas mujeres. Tenían pesadillas y varias presentaron neurosis temporal, pero grave.

El bioquímico William T. Sullivan realizó estudios en el Hospital de Investigación Estatal de Galesburg, en Gallesburg, Illinois, en el que compartía mi teoría.

"La comida ingerida por una persona podría afectar su mente, bajo determinadas condiciones.", aseguraba. la falta de niacina puede provocar enfermedades mentales. Por ejemplo, las ratas privadas de esta sustancia corrían a los rincones de sus jaulas como los enfermos mentales en estado de trance.

Ahora, desde luego, es imposible que alguien en Estados Unidos pueda padecer de desnutrición —si no es que se la provoca de manera deliberada y descuidada debido a un tratamiento incorrecto—.

El doctor Clair Starrett Linton, uno de los nutriólogos más destacados de Estados Unidos, cree que hay una relación directa entre una dieta deficiente y muchas enfermedades físicas y nerviosas, que van desde una deficiente agudeza visual, mareos y zumbidos de oídos hasta tendencias suicidas. "Una dieta adecuada", agrega, refiriéndose a la Ley de Colbert, "puede contribuir a la armonía familiar".

Me sorprendió enterarme de la cantidad de médicos que consideran que algunas personas están mejor en términos psicológicos cuando están excedidas de peso. Los psiquiatras de la Clínica Mayo afirman que las dietas pueden significar un serio riesgo emocional a las mujeres solas.

Personalmente creo que es todavía peor cuando la mujer tiene familia contra quien emprenderla.

Los expertos parecen estar de acuerdo: los hábitos alimenticios razonables son la forma indicada de mantenernos esbeltos y en forma. Con esto no quiero decir "No se ponga a dieta". Pero si debemos matarnos de hambre —por Dios, señoras— tengan compasión de sus pobres e inocentes maridos—.

Pónganlos al tanto acerca de los riesgos que se corren cuando se sigue una dieta y asegurarles que es consciente de que habrá momentos en que su comportamiento haría que cualquier hombre se volviera irracional, agresivo e irritable.

Hay vecinos que muestran su preocupación por sus congéneres colgando señales de aviso con la leyenda, "¡Cuidado con el perro!" Yo simplemente sugiero que las esposas con la mínima educación se colgaran una placa en el cuello que dijera "¡Cuidado! Mujer a dieta". Una medida así de insignificante ayudaría a evitar muchos pesares y algunos matrimonios.

¿Podemos guardar un secreto?

por la licenciada en letras Jane Sherrod Singer

El auto-control necesario para guardar un secreto es una parte importante de nuestra vida personal. En términos más generales, a nadie agradan los "boquiflojos". Como dijo una vez el gerente de una importante tienda departamental, "Aquel joven a quien se le considera como un riesgo para la seguridad en las primeras etapas de su vida empresarial nunca podrá llegar a ocupar un cargo ejecutivo". A niveles todavía más altos, la seguridad de las naciones depende de la capacidad de algunas personas para medir sus palabras.

Sírvase responder de manera afirmativa o negativa las preguntas de las siguientes dos partes.

Primera parte
Alguna vez ha usted:

1. ¿Desilusionado a un niño creyente sobre la inexistencia de Santa Claus?
2. ¿Referido algún penoso accidente ocurrido a alguien más?
3. ¿Informado a alguien que se le prepara una fiesta, obsequio o premio sorpresa?
4. ¿Dicho un secreto que le contó un niño?
5. Platicado una confidencia que nos confío un superior (profesor, jefe, etcétera)?
6. ¿Informado sobre un delito que alguien nos haya dicho en secreto?

Segunda parte
7. ¿Le gusta platicar o que le platiquen chismes?
8. ¿Encuentra placentero y/o divertido cuando alguien se muestra avergonzado?
9. ¿Lee usted con frecuencia revistas "escandalosas" o "confidenciales"?
10. ¿Se siente emocionado cuando se entera de algo que nadie más sabe acerca de alguien?
11. En términos generales, habla usted más que sus amigos?
12. ¿De vez en cuando experimenta sentimientos de inferioridad?

Respuestas
Primera parte: si respondió más de dos preguntas de manera afirmativa, ¡será mejor que mantenga en secreto su calificación! Decirle a usted algo confidencial es como publicarlo en la primera plana de un matutino. Empiece hoy su programa de auto-control. La mejor ayuda a la que se puede recurrir es siempre ponerse en el lugar de la otra persona.

Segunda parte: Si contesto más de una pregunta en forma afirmativa, deberá poner muchísimo cuidado cuando se le confíe un secreto. Sin embargo, esto no significa que se le irá o dejará que se le vaya la lengua. Si obtuvo una buena calificación en la primera parte, estará usted a salvo.

Un prominente psicólogo hizo una lista de las siguientes razones por las que se divulga un secreto:

1. El deseo de sentirse importante platicando algo que nadie sabe.
2. El deseo de hacer que la gente se sienta feliz (platicarle de una sorpresa, fiesta, honor, etcétera).
3. La incapacidad de tomar un secreto con seriedad (cuando se trata de un adolescente o el relato de una situación embarazosa).
4. Falta de respeto a los sentimientos de los demás.

Alcoholismo
por el doctor Billy Graham

Uno de los problemas sociales más graves al que se enfrentan todas las grandes ciudades es el del alcoholismo. En Estados Unidos, la tasa de personas que adquiere esta adicción es de más de 1,200 al día —más de 50 por hora— de manera permanente. Un connotado experto en el problema del alcoholismo, el doctor Ivey del Departamento de Ciencias Clínicas de la Universidad de Illinois, declaró en Washington hace poco que "más de ocho millones de norteamericanos padecen esta enfermedad". Afirmó que 350,000 alcohólicos mueren cada año a la edad promedio de 51 años contra los 70 del grupo de abstemios.. Más de 50 por ciento de adultos en la Unión Americana consumen bebidas con contenido alcohólico y, según el doctor Ivey, el abuso y la constancia en el consumo de alcohol ocupa el tercer lugar entre las enfermedades mortales en la nación, inmediatamente detrás de los padecimientos cardiacos y el cáncer.

El alcoholismo representa un problema grave para la policía, los sociólogos y ministros religiosos. Este problema es tan grave que muchos de ellos son incapaces de frenar la creciente ola de bebedores y sus efectos colaterales entre la población.

La parálisis incapacitante del alcoholismo socava nuestros valores morales, destruye nuestros hogares y aleja a la gente de la iglesia. Para las personas pensantes, simplemente no hay excusas para no estar sobrios.

La mayoría de la gente se ha mostrado indiferente sobre este problema del consumo excesivo de alcohol.

En la Biblia siempre se encuentra alguna observación respecto de todas aquellas fuerzas que amenazan el alma del hombre. Deja caer toda su fuerza contra todos y cada uno de los trucos y argucias de Satanás y es muy clara en su reprobación de la embriaguez.

En la Biblia se lee, "Ay de la corona soberbia de los ebrios de Efraín..." (Isaías 28:1).

Además, "¡Ay del que da a beber a su prójimo y derrama su veneno hasta embriagarlo para..." (Habacuc 2:15).

Estad atentos, no sea que se emboten vuestros corazones por la crápula, la embriaguez y las preocupaciones de la vida..." (San Lucas 21:34).

Y vuelve a asegurar, "Andemos decentemente y como en el día, no bebiendo en comilonas y borracheras..." (Romanos 13:13).

"Ay de los que se levantan con el alba para seguir la embriaguez, y se quedan por la noche hasta que el vino los caldea..." (Isaías 5:11).

Además, "Y no os embriaguéis de vino, en el cual está el desenfreno..." (Efesios 5:18).

La embriaguez es uno de los pecados más antiguos y se considera como el más destructivo. En los anales de la historia abundan los casos de vidas y naciones arruinadas por ella. Ha dejado huella en la historia.

Este problema causo la desgracia moral a Lot y su familia. Se convirtió en el "Waterloo" del Rey Elah cuando se embriagó en Tirsa y su capitán en jefe de carros de ataque, Zimri, conspiró contra él, lo asesinó y se autoproclamó rey.

La embriaguez paralizó a Baltasar y sus nobles dejándolos a manos de sus enemigos. La embriaguez y otros pecados semejantes llevaron a Dios a escribir en los dorados muros del palacio, ""has sido pesado en la balanza y hallado falto de peso" (Daniel 5:27).

También afectó a los Césares y fue una de las causas más importantes de la corrupción y debacle de Roma.

El alcoholismo hizo víctima a Alejandro Magno quien, a pesar de haber conquistado el mundo, murió adormecido por el alcohol, una patética figura de su propio apetito y desenfreno.

Este vicio es claramente criticado y reprobado en la Biblia. En el Tribunal de la Sagrada Escritura y en la Corte de la Razón, se dicta fallo irrefutable de "culpabilidad" contra este y es considerado como una amenaza para la sociedad, un insulto a Dios y una desgracia para el hombre.

Las detenciones por manejar bajo el influjo del alcohol ha aumentado 175 por ciento en los últimos 20 años. El juez federal Luther W. Youngdahl, ex-gobernador del estado de Minnesota, hace poco declaró que esta situación causaba más estragos que el comunismo.

Este mal afecta la esencia del idealismo. Da a nuestro enemigos la alternativa material para la propaganda, implica una pérdida de tiempo, dinero y energía y corroe los cimientos mismos de nuestra vida familiar.

Evangeline Booth del Ejército de Salvación quien, a través de su grandiosa organización, ha recogidos despojos humanos en los barrios bajos del mundo, nunca dijo nada más cierto que cuando afirmó que "la bebida ha causado más derramamiento de sangre, provocado más muertes, destruido más hogares, orillado a más personas a la bancarrota, armado a más villanos, lastimado a más niños, separado a más parejas, mancillado más inocencia, cegado más ojos, torcido más miembros, hecho a un lado más razón, dañado más al hombre, deshonrado más a la mujer, roto más corazones, causado más suicidios y cavado más tumbas, que cualquier otro flagelo venenoso que jamas se haya asediado al mundo".

En la Biblia se pone a la embriaguez en la misma categoría que otros pecados perniciosos. Veamos: "ni los ladrones, ni los avaros, ni los ebrios, ni los maledicientes, ni los rapaces poseerán el mundo de Dios" (1Corintios 6:10).

Estoy de acuerdo con ella en este sentido. Todos aquellos pecados que alejan al hombre del reino de Dios deberán ser honestamente censurados por el predicador del Evangelio. En el se advierte, "... de ningún ebrio poseerá el mundo de Dios...".

¿Por qué denuncia la Biblia con tanta claridad la embriaguez?. En primer lugar, porque atenta contra la vida del hombre. Dios se opone a todo aquello que ponga en peligro su vida y bienestar. Por lo menos 10,000 personas mueren cada año y otras 250,000 resultan heridas en accidentes en nuestras calles y carreteras en los que se ve involucrada una persona ebria o consumiendo bebidas alcohólicas. Las cárceles en Estados Unidos están atestadas hoy de miles de hombres y mujeres que cometieron crímenes contra la sociedad después de haber ingerido grandes cantidades de alcohol. La mayoría de los asesinatos de adolescentes fueron cometidos por jóvenes que habían estado bebiendo.

Nuestros índices de criminalidad, aunque parezca extraño, se ha incrementado en la misma proporción que el consumo de bebidas alcohólicas. Con esto no quiero decir que los abstemios no cometen crímenes, sino que el consumo de alcohol condiciona al hombre a cometer algún delito o felonía y los hechos me dan la ,razón. Por algo la Biblia dice: "El vino es petulante, y los licores, alborotadores; el que se extravía no es sabio" (Proverbios 20:1)

En segundo lugar, el consumo de alcohol va aparejado con la delincuencia juvenil en el condado de Nassau, en Nueva York, se llevó a cabo una encuesta científicamente controlada entre 29,000 estudiantes y permitió concluir que 90 por ciento de ellos había consumido bebidas alcohólicas en una u otra ocasión.

¿Pero qué podemos esperar cuando 55 por ciento de los padres modernos son o bebedores sociales o compulsivos? Un juez de lo juvenil hace poco llegó a la conclusión de que en tres de cada 10 casos de crímenes juveniles, los padres o las madres eran alcohólicos.

Hace poco se publicó en la prensa que un millón de niños y jóvenes de entre 10 y 17 años de edad eran llevados a la policía anualmente. ¡La vida de uno solo de estos confundidos chicos vale más que todas las concesionarias de todas las cervecerías y destilerías del orbe!

Finalmente, este vicio se asocia con la inmoralidad y el pecado. "Andemos decentemente y como en el día, no bebiendo en comilonas y borracheras..." (Romanos 13:13). El alcohol despierta las pasiones y adormece el alma. Embota la razón, pero agudiza el espíritu lascivo del hombre.

Un prominente juez hace poco declaró que "en 19 de cada 21 casos de divorcio revisados en mi tribunal, el alcohol había tenido algo que ver".

Todos los días nos llegan cientos de cartas, en muchas de las que se nos habla de hogares que están al borde del colapso debido al alcoholismo. Yo diría que al borde de la inmortalidad, ya que este problema es el causante principal de la destrucción de los hogares. El general Pershing dijo una vez, "el alcoholismo ha matado a más hombres que todas las guerras en la historia".

Supongo que muchos se preguntaran si el alcoholismo no es una enfermedad. Ya lo he escuchado antes y puede que sea parcialmente cierto, pero no del todo. Es posible que un hombre no sea responsable de su último trago, pero sí del primero. No hay ningún virus que haga que un hombre acuda a una cantina a tomar su primer trago. El alcoholismo fue primero un pecado y se acabó convirtiendo en una enfermedad.

Esta es la simple verdad: el corazón del hombre sin Dios es como el vacío. En nuestra autosuficiencia tratamos de salir adelante sin la ayuda de Dios. Empero, cuando las cosas se ponen difíciles, requerimos ayuda externa. Si decidimos no acudir a él, que ha prometido "ser una ayuda presente en las dificultades", probamos todo tipo de cosas: el placer, la lujuria, el alcohol, las parrandas y el desenfreno.

Pero miles de personas están llegando a la conclusión de que estas cosas no ayudan a llenar el vacío. Como dijo una vez San Agustín (quien también al principio fue alcohólico) "mi alma no estaba en paz sino hasta que no la encontré en el Señor".

Muchos se han acogido en Cristo. Hemos sido testigos de la unificación de los hogares y el cambio y la transformación de la vida de los alcohólicos gracias al poder redentor de Jesucristo. Con él nos regocijaremos sin dolores de cabeza; nos sentiremos felices, sin resaca, ni sentiremos la boca con sabor a centavo por la mañana.

Sólo el Señor puede satisfacer nuestros más profundos deseos. Hagámoslo amo y señor de nuestra existencia hoy. Vayamos a la cruz donde murió y derramó su sangre por la salvación de sus pecados. Arrepintámonos de nuestros pecados y él nos perdonará. Recibámoslo como nuestro amo y salvador.

El nos dará una nueva dimensión, un nuevo poder y una nueva fuerza para vencer las tentaciones de la vida y, ciertamente, contra las tentaciones de la embriaguez. Roguémosle porque abra nuestro corazón y dejémoslo entrar en nuestro corazón. La Biblia dice: "pues que todo el que involucre el nombre del Señor será salvo" (Romanos 10:13).

Los niños son mi pasatiempo
por Artur Rubinstein

Me encanta hablar de mis hijos. Son mi tema preferido. Tal vez hasta se me considere un experto en el tema de los hijos y las hijas, ya que tengo dos y dos —una excelente partida—. A mi esposa y a mí nos gustaría tener una así cada diez años.

Comenzaré con Eva, la mayor. Es bailarina y actriz, nació en Buenos Aires. Era la bailarina principal en la compañía europea "Oklahoma". Luego hizo su primera aparición en Broadway como la hermana en "El diario de Ana Frank". Estuvo en Broadway un año y luego participó en "El reencarnado" en otros lugares.

Ella sola logró que le dieran sus papeles, sin apoyarse en mí o en mi nombre. Eva es una gran dama, como su madre. Comienza a pensar que me iban a recordar como el padre de Eva Rubinstein, pero se caso. Su marido, un joven paracaidista convertido al sacerdocio, el reverendo ...m Sloan Coffin, es pastor en una iglesia y jefe de ...rtamento en la Universidad de Yale. Me dieron dos ...tos: Amy Elizabeth, quien nació el 13 de enero de 1958 ... Alexander Sloan, que vino al mundo el 16 de diciembre del mismo año.

Todavía recuerdo la vez que regresé de una de mis giras por el lejano Oriente y Eva era pequeñita. Cuando entré en la casa, corrió hacia mí, se me colgó del cuello y gritó "¡Papito! ¡Tócame una canción!". Profundamente conmovido, la tomé de la mano y le prometí que tocaría como nunca antes lo había hecho para las reinas. Comencé a tocar el piano.

"¡No, no!", protestó. "¡En el piano no; en el fonógrafo!"

Paul, nacido el 1936 en Varsovia, es mi alto, bien parecido y brillante hijo que odia la música. Trato de que se interese por la música seria, pero me dice "Papa, simplemente no me agrada". Por lo general no va a conciertos; si llega a hacerlo, se queda dormido. Pero le encanta el *jazz*. Tiene muchos discos de todas las corrientes de *jazz* —se pasa horas escuchándolo— y es casi una autoridad en el tema.

Obtuvo mención "honorífica" en la secundaria. Se matriculó en Yale a los 16 y aprendió a jugar naipes. Luego tuvo un terrible accidente automovilístico del cual resultó con un brazo fracturado. Después de dos años en Yale, decidió que quería ser ingeniero, pero acabó desistiendo.

Cuando decidió que quería ser hombre de negocios, le dije, "te dejo que seas millonario". Fue admitido en la facultad de administración de empresas de la Universidad de Pennsylvania. Consiguió empleo como ejecutivo en RCA, pero quería independizarse, por lo que empezó a trabajar por su cuenta. Se enlistó en el ejército y al concluir su servicio militar se dedicó a hacer negocios en Tacoma, Washington.

Luego nos avisó que estaba enamorado y que quería casarse. Le escribí una carta de ocho cuartillas en la que le detallaba cómo tener un hijo gastando lo menos posible.

Aline, nacida en 1944 en Hollywood, es una mujer divinamente dotada. Tiene un corazón de 50 quilates y la adoro. Toca todos los conciertos de Bach —memoriza todo con mucha facilidad— En dos o tres días se ha aprendido perfectamente piezas tan modernas como la suite "Mi madre la oca" de Ravel.

Le gustan los temas de gobierno, sabe francés y entiende la teoría de Einstein. A mí casi me expulsan de la escuela por no saber de aritmética, pero a Aline le encanta el álgebra; es la mejor de su clase y sobresaliente en ciencias. Hace reseñas literarias, escribe libros y los ilustra ella misma; además, pinta de maravilla.

También es una excelente golfista. Cuando di un concierto en el Festival Internacional de Música de Lucerna, Suiza, decidió ir conmigo para jugar en el magnífico campo de esa ciudad, que es la atracción de muchos aficionados del mundo. Mi esposa y yo nos quedamos ahí diez días porque a Aline y a Johnny les encantó aquel sitio.

Un inicio prematuro

A John Arthur, nacido en 1947, también en Hollywood, le interesa mucho la música. Toca todo lo que yo, al otro día, de memoria. Cuando Aline tenía cinco años y él, cuatro y yo acababa de regresar de una gira, la pequeña me tocaba una breve melodía para darme la bienvenida. Johnny quería hacer lo mismo. Iba al piano y —¡sorpresa!—. Lo sentaba en mis piernas, tratando de poner sus deditos en las teclas para que tocara una melodía, ¿pero qué sucedía? Se quedaba en mi regazo y tocaba lo mismo que acaba de interpretar su hermana, pero en otro tono, oprimiendo las teclas negras. Me quedaba atónito, porque no sabía nada de música. Ahora los dos son músicos completos e interpretan muchas piezas juntos.

En mi gira por Londres, grabé cuatro conciertos de Mozart, lo cual me tomó varios días. En lugar de ir a un cine, Aline y Johnny se quedaban sentados en los estudios todo el día, en mi estancia por aquel lugar, durante ocho horas, detrás del fagot, para no perderse las orquestaciones y observar todo lo que pasaba.

Johnny podría ser actor, le gusta tocar el piano. Cuando era pequeño, participó en "Peter Pan", pero me imploró "¡no me vayas a ver en Peter Pan! Ni siquiera puedo volar". Luego hizo el papel del "Rey Carlos V" y le gusto la parte de los monólogos en la que se carcajea. Cuando era adolescente quería interpretar a Macbeth.

Un conocido director me platicó una anécdota de Johnny. El chico había volado solo de Europa a Estados Unidos. Debía regresar a la escuela y yo todavía no concluía mi gira. Este director se reunió con él en el Aeropuerto Internacional y trato de hacerle la plática. Todos sabemos la clase de estúpidas preguntas que hacen los adultos a los chicos: "¿quién juega mejor, tu padre o tú?", preguntó aquel hombre.

"Bueno", respondió pensativo Johnny, "ambos tenemos días en que no funcionamos bien".

Lo que los adolescentes me han enseñado
por el doctor Billy Graham

En la primavera de 1958 recibí una carta durante una de nuestras cruzadas por Melbourne, Australia, que decía: "hay muchos chavos y chavas banda en Melbourne cuya vida está vacía. ¿Podría usted dar una conferencia especial para ellos? Apuesto que su mensaje será de gran ayuda para todos nosotros".

La firmaba un "chavo banda converso".

En la jerga australiana un chavo o chava banda es un adolescente rebelde y contestatario. Sabía que esa carta hablaba por muchos otros adolescentes, por lo que decidí leerla frente a mi congregación y anuncié que daría un sermón especial para todos los jóvenes el siguiente sábado por la noche. Para asegurarme de que no caería en saco roto, pedí a cada adulto que llevará por lo menos a un adolescente.

Nunca olvidaré aquella ocasión. Media hora antes de que comenzara a hablar, el cielo se abrió después de un torrencial aguacero. Mientras me dirigía a nuestro estadio abierto, mi carro se quedó parado debido a la lluvia. En el estadio fue necesario poner tarimas para utilizarlas como puentes entre el público y la plataforma.

Sin embargo, acudieron a aquel lugar 45,000 personas y más de 30,000 eran jóvenes. Al final de la misa, más del 2,300-95 por ciento de esos adolescentes se convencieron.

Al día siguiente el *Sun-Herald* de Melbourne informaba en su nota de ocho columnas, "Jóvenes rezan en el lodo".

Se trata de un movimiento que cada vez cobra más fuerza; del interés de los jóvenes por la religión. En todos los países libres del mundo, los jóvenes algo en que creer y una canción que cantar. A dondequiera que voy me doy

cuenta que los jóvenes son quienes están al frente de la sociedad. Y hacen preguntas penetrantes y personales.
Cierta ocasión mientras me asoleaba en una playa australiana, se me acercó un grupo de jóvenes. De repente me están interrogando. Un joven bronceado me preguntó, "¿se puede ser cristiano y divertirse?"
Con mucha frecuencia los jóvenes fuera de la iglesia sólo han visto una caricatura de la verdadera religión, no la vitalidad que caracteriza el entusiasmo de los primeros discípulos.
Analicemos la palabra *entusiasmo*. Está formada por el vocablo compuesto *enthusiasmós*, que quiere decir, "estar inspirado por los dioses". Hay que imaginar el entusiasmo del músico que sentía que el espíritu de Beethoven vivía en él o del artista que creía poseer el gran espíritu de Rembrandt.
El apóstol Pablo sintió este entusiasmo cuando dijo, "puedo hacer todo a través de Cristo que es mi fortaleza".
Así es, puede ser divertido. Volver la mirada a Dios puede ser muy emocionante y sobrecogedor. Muchos jóvenes que conozco me respaldarán.
Una muchacha entre los adolescentes de Australia me hizo otra pregunta: "Si me acerco a la religión, ¿interferirá ésta con mi carrera?"
Vivimos en un mundo práctico y si nuestras creencias ponen en peligro los medios con que nos ganamos la vida, debemos realmente evaluar el costo. Suponiendo que decidimos seguir una carrera honrada, acercándonos a la religión podríamos incrementar nuestras probabilidades de éxito y no al revés. En realidad no afectó en absoluto a John Wanamaker de J.C. Penney. No debemos tener la idea de que la religión hará que alguien sea más próspero, ya que los beneficios pueden ser espirituales y morales, además de financieros. El punto es que debemos ser dignos poseedores de los dones que nos dio Dios.
Hace algunos años conocí a un joven intelectual indio que había estudiado filosofía marxista y leninista. "¿Pero acaso la Biblia puede darme una filosofía viable de la vida?", me preguntó.
Es la única filosofía viable.

Recuerdo la carta de un ex-comunista que decía, "en su primera visita a Inglaterra yo me contaba entre sus detractores. En aquel entonces, fungía como secretario del Partido Comunista (PC). Pero ha cambiado mi forma de ver las cosas. Como presidente del Comité de la Cruzada por la lectura, trabajaré tan convencido a favor de las ideas que usted profesa como cuando me dedicaba a atacarlo".

Recuerdo a una joven en una de nuestra reuniones de Londres hace muchos años que estaba a favor del comunismo. Estaba confundida. Cuando las enseñanzas de Marx y Lenin no le habían ayudado a encontrar las respuestas que andaba buscando, había hallado en las de la Sagrada Biblia.

Hoy forma parte de nuestro grupo de evangelistas.

La popularidad se ha vuelto la obsesión de muchos jóvenes estadounidenses. La detecté entre los estudiantes de Yale, Princeton y otras universidades. Los pasantes por lo general me lo pregunta de este modo: "¿Billy, si me convierto a la religión no perderé mi popularidad con la banda?"

Creo que cuando llevamos una vida con verdadero apego a la religión es casi seguro que nos haremos más populares. Esta es una carta que me envió un joven quien la firmó como introvertido confirmado.

Cuando fui a escuchar su misa, encontré a unas personas que actuaban como si hubieran encontrado algo y no presumían al respecto. Cierta noche sentí el impulso de consagrar mi vida al Señor, y así lo hice. Un cambio sorprendente se registró en mí. Sentía un amor e interés renovados por mi prójimo. En la escuela empecé a hacerme de amigos. Mi vida ha dado un nuevo y rico giro".

Hace dos años, escuché a un adolescente mexicano decir lo siguiente: "estoy dispuesto a aceptar la religión, ¿pero aún así la haré en la vida?"

¿A que se refería con ´hacerla en la vida´? Una vez cené con un hombre que vivía en una casa con 200 habitaciones. Era un amante de la música y en aquella casa tenía dispersos 40 pianos. Con todo ese potencial musical, no sabía tocar el piano. Con su dinero no podía adquirir las facultades necesarias para tocar una pieza musical.

Para mí, es una parábola de la vida. En nuestra lucha por lo material, se nos olvida escuchar la música que llevamos dentro, nos hemos perdido en nuestra búsqueda principal.

La pregunta que más se hace un número cada vez mayor de personas en más lugares es la siguiente: ¿con el cristianismo en realidad encontraré la felicidad?

Si por felicidad alguien se refiere a la buena suerte, lamento desilusionarla. Las personas honradas sufren la pobreza, la enfermedad y la tragedia en la misma proporción que los demás. La Biblia dice que Dios hacer "llover sobre el justo y el injusto".

Pero si por felicidad se entiende la buenaventura, esta será suya. Las personas verdaderamente religiosos tienen la facultad innata de tomar todo lo que la vida les ofrece, porque creen que "nada es malo para quienes aman a Dios". Su vigor no es algo inventado por ellos, sino una fortaleza concedida por el Señor.

¿Cómo superar los obstáculos de la relación?

por la filósofa Susan Jeffers

Hay muchos obstáculos que impiden el éxito en la relación y aunque muchas culpan a las circunstancias "externas" por la incapacidad de relacionarse románticamente con alguien, sería mejor que analizáramos algunas de nuestras creencias íntimas, no culparnos, sino fortalecer el amor que sentimos por nosotros mismos y por los demás.

¡No es cuestión de apariencias! Como experimento, la siguiente vez que salgamos a caminar por la calle o que vayamos a una fiesta, debemos poner atención a la sorprendente mezcla de combinaciones de pareja frente a nosotros. Podremos ver que las apariencias juegan un papel muy pequeño en nuestra capacidad para establecer una relación amorosa con los miembros del sexo opuesto. Debemos dejar de preocuparnos por las apariencias y empezar a fijarnos en el tamaño de nuestro corazón.

Hay que ser la clase de personas con la que nos gustaría comenzar a salir. Muchos hombres y mujeres negativas ponen en su lista de prioridades a un compañero positivo y emocionalmente saludable. Pero no son muy conscientes de las pocas probabilidades de que se cumplan sus expectativas. Atraemos lo que se parece a nosotros. Realmente es así de sencillo. Por lo tanto, parece razonable que hagamos una lista de todas aquellas características que nos gustaría encontrar en un posible compañero y luego cultivarlas en nosotros mismos.

Nuestro tipo no es en realidad nuestro tipo. Si no llevamos una relación de éxito, es posible que nos estemos relacionando con personas que no son compatibles con nosotros y que estemos haciendo a un lado a quienes serían maravillosas y que nos darían su preocupada atención. Por supuesto, la mejor ruta de acción consiste en apegarnos a lo que sabemos que es saludable que evitemos y lo que es peligroso. Debemos prepararnos para ver las cualidades que nada tienen que ver con las apariencias, pero todo lo que tenga que ver con el corazón y el alma.

Es perfectamente correcto que las mujeres hagan el primer contacto. Con unas cuantas excepciones, aprendí que a la mayoría de los hombres les encanta que los aborden las mujeres. Han llegado a referirse a lo terriblemente difícil que les resulta tener que acercarse a las mujeres. Quiero sugerir que la resistencia implícita por parte de las mujeres para hacer el primer contacto es su temor a quedar en una posición en que puedan ser rechazadas. Cuando se dan cuenta de que es su temor el motivo de sus resistencia de acercarse a los hombres, pueden aprender a "sentir temor y, a pesar de ello, llevarlo a cabo".

No hay que tomar muy a pecho el rechazo. Cuando nos acercamos a una posible pareja, nos lo debemos repetir de manera constante. No importa cómo reaccione conmigo esta persona, sé que soy un individuo digno. Es posible que su rechazo nada tenga que ver con nosotros. Tenemos que recordar que no podemos controlar las reacciones de los demás hacia nosotros, pero que sí lo podemos hacer con las nuestras. También debemos tener presente que, si a alguien no le interesa conocernos, siempre hay alguien más en busca del amor.

Tenemos que hacer lo que nos gusta. ¡Y las citas vendrán por añadidura! ¿Cuál es el mejor lugar para conocer gente? No es en la casa adonde debemos esperar a que llegue hasta nosotros nuestro príncipe o princesa dorados. El sitio más adecuado para conocer gente es donde se reúnen las personas a hacer las cosas que nos agradan. Yo creo que no hay que hacer nada en la vida por el simple hecho de conocer a alguien. Debemos hacerlo por el simple hecho de que nos agrada... porque hace más rica nuestra existencia... porque nos aporta ciertos placeres. Es muy probable que se presente un candidato al amor en el momento y lugar menos esperados.

Hay que mostrarnos amables con los miembros del sexo opuesto. Personalmente garantizo que no será sino hasta que realmente consideremos y tratemos a los del sexo opuesto con amabilidad y respeto cuando establezcamos una relación romántica saludable con cualquiera de ellos. Muchos hombres y mujeres están verdaderamente molestos entre sí y algunos hacen más evidentes dichos sentimientos. Cada uno de ellos asegura tener razones de peso para estarlo. Sí, es verdad que algunos hombres pasarán por encima de nosotras. Y si, caballeros, es verdad que algunas mujeres también harán lo mismo. Pero al final, no podemos culpar a nadie por pisotearnos. Sólo podemos darnos cuenta de que no nos estamos apartando del camino. Nuestra vida comienza a funcionar y empezamos a atraer gente parecida a nosotros con el mismo tipo de energía positiva. Entre más amor proyectemos a los miembros del sexo opuesto, más gente noble atraeríamos. También sucede al revés. Es sólo cuando finalmente aprendemos a deshacernos de nuestra ira y abrir nuestro corazón hacia los demás cuando estamos en posibilidades de encontrar gente a la que podamos amar. Simplemente así es como funciona.

Es sorprendente ver qué sucede cuando alcanzamos altos vuelos, nos hacemos cargo de nuestra vida y empezamos a actuar sólo con integridad para con nosotros mismos. Nuestra vida empieza a funcionar correctamente y comenzamos a atraer a personas con el mismo tipo de energía positiva. Entre más amor proyectemos a los miembros del sexo opuesto, más amor atraeremos. También sucede al revés. Es sólo cuando finalmente aprendemos a dejar de lado nuestra ira y abrimos el corazón a los demás cuando encontramos personas a las que podamos amar. Así son las cosas.

Manipuladores: diez formas de defendernos

No importa que se trate de nuestra pareja, jefe, alguna amiga o hasta un necio vendedor, la dinámica es la misma. Según palabras de Stanlee Phelps y Nancy Austin, autores del libro *The Assertive Woman* [*La mujer segura*] (*Impact Publishers*), la manipulación es el uso consciente o inconsciente de medios directos y deshonestos para alcanzar una meta deseada". Al recurrir a los sentimientos de culpa, el miedo o la vergüenza, los manipuladores nos ponen contra la pared, de palabra y obra, hasta que sentimos que no nos queda otra alternativa más que doblegarnos a su voluntad. Por supuesto, sí tenemos alternativas, aún frente al más hábil de los manipuladores. El secreto está en aprender las 10 técnicas más importantes que nos ayudarán a erguirnos y luchar por nuestros sentimientos.

1. Hay que pensar en pequeño. A veces las frases más breves encierran un gran poder. Roberta Mackey, asesora cuyas oficinas se encuentran en Los Angeles y que imparte talleres en todo el país para adquirir seguridad en uno mismo, advierte que se debe izar una bandera roja cuando se escuchen frases como "debes de" y "tienes que". Son señales de que alguien trata de manipularnos para que nos sintamos culpables, aunque no haya ninguna razón, asegura Mackey. Reconocer cuando se está dando la manipulación es el primer paso para defendernos.

2. Es necesario preguntar las razones. Phelps señala que muchas veces un simple "por qué" implica un sentido oculto. Por ejemplo, es posible que el marido pregunte a su esposa: "¿por qué llegas tarde?", cuando en realidad le estaría diciendo "no creo que deberías llegar tan tarde". La mejor forma de disimular este tipo de preguntas consiste en incluir una pregunta propia: "¿por qué lo preguntas?". Con esto se obliga al manipulador a revelar su verdadera intención.

Hacer una afirmación en tono interrogativo es una forma de evitar la responsabilidad de tal declaración. Muchas veces la persona conoce la respuesta, pero trata de empujarnos hacia una situación neutral. En otras palabras, no importa lo que respondamos, es indudable que surgirá una discusión sobre el tema implícito.

3. Hay que decirlo de nuevo. Supongamos que debemos romper una promesa hecha a una amiga a mudarse. Está molesta, pero en lugar de ser honesta respecto de sus sentimientos, dice: "Está bien, no hay problema vete a divertir. Estoy segura de poder arreglármelas de una u otra manera".

Le gustaría hablar del problema, pero piensa que su amiga ha asumido una actitud intransigente. En este caso, Phelps y Austin recomiendan un proceso de tres partes y abrir líneas de comunicación:

Reiterar: repetir lo que nos diga ("¿No te importa que no te pueda ayudar con tu mudanza?")

Resumir: revisar lo que se ha dicho ("¿así es que según tú no te importa que no te pueda ayudar con tu mudanza?")

Reflexionar: leer entre líneas. ("Te ves molesta porque no te puedo ayudar a mudarte"). Reiterar y resumir dan al individuo una posibilidad de volver a considerar lo dicho y evitar la manipulación. Si estas técnicas no dan los resultados esperados, en la reflexión encontrará una segunda oportunidad de volver a evaluar sus sentimientos y llegar a la esencia del problema", asevera Phelps.

4. Negociar. Comprometernos con el manipulador de ser posible. "Hay que llegar a un acuerdo", aconseja la doctora Tessa Albert Warschaw, psicoterapeuta cuyo consultorio se localiza en Nueva York y autora de *Winning By Negotiation* [Cómo ganar a través de la negociación] (McGraw Hill), "Debemos decir, no te puedo dar esto, pero si esto otro". Si ambas partes son honestas, todas salen ganando.

5. No hay que dejar que la historia se repita. No debemos dar al manipulador la oportunidad de recurrir a la misma maniobra dos veces. La doctora Warschaw da el ejemplo de un novio manipulador quien, cuando se enojaba con su compañera, la "castiga" llegando tarde a sus citas y obligándola a esperarlo. la chica aparentemente tolera su impuntualidad, pero en su interior, se siente molesta y resentida.

"Una mejor forma de manejar esta situación es detener esta conducta desde que empieza a presentarse. Desde el principio, la mujer debería haber dicho a su novio que le desagrada tener que esperarlo y que, si vuelve a llegar tarde, no se va a quedar a esperarlo. Hay que controlar la situación de inmediato o, de lo contrario, habrá que pagar un precio más tarde.

6. Hay que desdeñar la adulación. Muchos de los mejores manipuladores son los más aduladores. Nos lisonjean simplemente para ocultar sus pretensiones y salirse con la suya. Por ejemplo, un hombre manipulador se deslindará de sus responsabilidades en una pelea tratando de "volverse a ganar" el afecto de la mujer con obsequios y cumplidos.

"Las mujeres especialmente se dejan seducir por los falsos cumplidos, cuando en su interior saben que se trata de simples actos de adulación", asevera Phelps. Recomienda dejar de lado la "sensualidad exterior" del adulador y fijarse en la verdadera intención de las palabras.

7. Hay que hacer una pausa. Si alguien intenta manipularnos haciéndonos sentir culpables (eres una mala esposa, una madre despreocupada, un mal amigo), debemos detenernos y considerar los juicios de valor. Entonces, si llegamos a la conclusión de que no son válidas, y hacerlas de lado por tratarse de estrategias de manipulación. Debemos escuchar nuestra propia voz interior.

Hay que responder diciéndole a la persona que hemos considerado a fondo las acusaciones y que éstas son ciertas. Tenemos que apegarnos a lo que consideramos verdadero y el manipulador no podrá causarnos ningún daño.

8. Debemos desenmascarar a los farsantes. A veces las personas recurren a chantajes emocionales para salirse con la suya. Amenazan con ultimatos como: "si me dices que no, te voy a odiar toda la vida".

Podemos contrarrestar esta estrategia desenmascarando esta farsa. Por ejemplo, si nuestro novio nos amenaza con acabar con la relación si no cancelamos la cita que tenemos con nuestras amigas para reunirnos por la noche, no hay que contradecirlo y plantear, "muy bien, ¿por qué no terminamos nuestra relación porque quiero salir una noche?"

Sin embargo, aunque dicha estrategia pueda ser eficaz, Phelps advierte que solamente se trata de una solución a corto plazo, ya que no ayuda en nada a resolver los conflictos a largo plazo.

9. Es necesario volver a considerar el asunto. Debemos hacer a un lado todos los hechos irrelevantes a los que pueda recurrir un manipulador para ocultar sus verdaderas intenciones. Mackey se refiere al caso de dos compañeros de trabajo, una mujer soltera y un hombre casado con hijos que competían por un ascenso. Es posible que este último le hubiera pedido a la mujer que desistiera en sus intenciones, argumentando "tengo esposa y dos hijos a los que debo sostener; tu eres soltera, lo que me califica para esa promoción".

En este caso, hay que indicarle a la persona que la situación no tiene nada que ver con su vida personal, sino con la capacidad para realizar el trabajo, asegura Mackey.

10. Debemos protegernos nosotros mismos. Los manipuladores golpean en aquellas áreas en donde saben que causarán mayores estragos. Para proteger nuestro talón de Aquiles, primero debemos cobrar conciencia de cuáles son nuestros puntos débiles —nuestro peso, el temor al fracaso— y luego practicar para no reaccionar cuando nos peguen donde molesta.

Entre más reaccionemos, más calmado estará el manipulador ya que se da cuenta de los buenos resultados de su estrategia. Al dejar de reaccionar, nos damos la oportunidad de controlar la situación en lugar de ser controlados.

Aunque la manipulación no siempre es un acto consciente, casi siempre es destructivo. El manipulador aprovecha las grietas en su escudo emocional, dejándonos con la sensación de haber sido utilizados y lastimados. La mayoría de las veces, la mejor defensa es una fuerte ofensiva. En primer lugar, debemos fortalecer nuestras debilidades emocionales. Primero tendremos que fortalecer nuestros puntos emocionales débiles y luego esforzarnos por mantener una conversación honesta y directa. Acabaremos venciendo al manipulador en su propio terreno.

El factor paterno: mujeres famosas educadas por sus padres

Margaret Thatcher
Era por naturaleza el tipo precavido y ahorrativo que había heredado una admiración innegable por algunos valores victorianos: trabajo arduo, autosuficiencia, riguroso apego a los presupuestos y la firme convicción de la inmoralidad de la extravagancia. Alfred (Roberts), formalmente analfabeta, sentía una pasión victoriana por la educación que, consideraba, era la clave para una vida plena y útil. Margaret más tarde lo calificaría como el "hombre más culto que jamas hubiera conocido".

Era un hombre que había salido adelante por méritos propios y autodidacta, incansable usuario de la biblioteca pública local, y llegó a la conclusión de que su hija más joven, a quien consideraba una verdadera promesa académica, debía tener todas las oportunidades educativos que a él habían sido negadas. La niña había comenzado a tomar clases de piano a muy temprana edad, había asistido de manera compulsiva a la biblioteca y la habían inscrito a una escuela primaria alejada de la tienda, pero en el extremo de gente más inteligente del pueblo, donde los profesores eran mejores y los educandos serían mejor motivados...

Nunca se disiparon las propias tendencias didácticas de Alfred. Estaba decidido a dotar a Margaret con todos los preceptos e ideas sobre la vida que él había aprendido, especialmente en lo que se refería a los recursos económicos. Posteriormente, la Tatcher describiría con asombro sus optimistas lecciones en lo referente al ahorro, al cual debía canalizar cada centavo ganado por la niña.

"Había cosas que simplemente no se hacían, y no se ponían en tela de juicio", agregó. "Se nos inculcó muy profundamente el sentido del deber. Los deberes para con la iglesia, los vecinos y la equidad era constantemente subrayados".

Benazir Bhutto

Mi padre siempre me instó a sentirme parte del amplio mundo, aunque sus lecciones muchas veces caían en saco roto. Viajaba con él en el vagón privado del Ministerio de Relaciones Exteriores en el otoño de 1963 cuando me movió para que despertara.

"No es momento de dormir", me dijo apurado. Ha habido un atentado contra la vida del joven presidente de Estados Unidos". Aunque solamente tenía 10 años y sabía muy poco de aquel presidente, me hizo permanecer a su lado mientras llegaban a sus manos los boletines más recientes sobre las condiciones del Presidente John F. Kennnedy.

"Estoy orando por tu éxito en los exámenes de nivel ´0´", me escribió mi padre desde la cárcel de Sahiwal el 28 de noviembre. "Me siento muy orgulloso de tener una hija tan inteligente que en este momento cubre los niveles 0 a la corta edad de 15 años, tres años antes que yo. A este paso... no dudo que llegará a presidente del país". Sé que lees mucho, pero deberías leer más de literatura e historia", proseguía en su misiva. "Tienes todos los libros necesarios. Lee acerca de Napoleón Bonaparte, el hombre más completo en la historia de la humanidad. También lee acerca de la revolución estadounidense y sobre Abraham Lincoln. No te olvides de leer *Los diez días que conmovieron al mundo* de John Reed. Lee sobre Bismarck y Lenin, Ataturk y Mao Tse-Tung; también la historia de la antigua India Y, especialmente, acerca de la historia del Islam.

Jacqueline Kennedy Onasis
El Gran Jack era terrible, absolutamente terrible. Muy bien parecido y lo sabía. Solía inflarse.. como pavorreal, arreglándose el cabello y mirándose en los espejos...

El Gran Jack terminaba sus visitas de fin de semana a los niños con su habitual garbo y donaire. Tenían una señal secreta —una serie de bocinazos alternativos prolongados y breves —y a la primera ráfaga Jackie saldría corriendo y se sentaba en el asiento delantero junto a su padre...

"A Jackie le gustaban esas visitas con su padre. Toda la semana esperaba con ansías el sábado y domingo y el tiempo que pasaría con él. Su padre era quien estaba más cerca de ella...".

Sin embargo, a pesar de los problemas económicos por los que atravesaba, cuando se trataba de sus hijas era muy extravagante y generoso. Había un mundo de diferencia entre la forma en que Jack y Janet (la madre de Jackie) querían educar a sus hijas. Su madre pretendía que se adaptaran a las normas sociales aceptables; su padre las estimulaba para que trataran de sobresalir y llamar la atención. "... Jackie no se sentía atraída por ningún hombre si este no era ´peligroso´ como su padre. Era algo freudiano. Jack.(John Kennedy) era consciente de la atracción por el Gran Jack y hasta platicaba con ella al respecto. La chica no lo negaba..."

Jane Fonda

Henry Fonda todavía no acaba una película cuando ya estaba haciendo la otra... No hay duda de por qué Jane recuerda muy poco haber pasado grandes momentos con su padre. Tal vez tampoco sea extraño que lo único que recuerda es a un hombre amargado y malhumorado que se daba muy pocos de los gustos que supuestamente los padres jóvenes debían darse con sus hijos...

El poco tiempo libre que parecía quedarle libre lo dedicaba a la política. Básicamente, la mayor parte de sus rasgos fueron heredados a sus hijos. Henry nunca estuvo más a favor de las ideas de izquierda que Jane o Peter, pero para sus amigos, como James Stewart o John Wayne... era más rosa que el capote de un torero.

Les dio un bautizo de fuego en lo que muchos considerarían ahora como una introducción a la política —y las ideas liberales en las que tanto se ocuparían— Cuando Jane llegó a casa mascullando las proclamas que en Hollywood habrían llevado a toda la comunidad fílmica a declararse en huelga, Henry le explicó las cosas de una forma en la que siempre le quedó agradecida.

El problema con la comunidad en la que los Fonda vivían entonces, había anticipado un día Jane a su regreso de la escuela, eran los judíos. "Desde que llegaron los judíos", aseguraba... "toda la comunidad se ha ido para abajo. No habrá nadie que quiera venir a vivir aquí".

Henry estaba visiblemente perturbado. Como un padre que sabía que sus hijos se beneficiarían si los instruyera en los asuntos de la vida, llevó a su hija aparte y le dijo, "en nuestra familia no decimos esas cosas". Asimismo, le estaba diciendo que tampoco creían en eso.

Consejos de un padre
por William Marriot, padre

1. Debemos mantenernos en forma y mental y espiritualmente fuertes.
2. Cuidar nuestros hábitos —los malos hábitos acabarán destruyéndonos—.
3. Elevar una plegaria siempre que tengamos un problema difícil.
4. Estudiar y seguir principios administrativos profesionales. Aplicarlos en forma lógica y práctica en nuestra organización.
5. La gente es lo más importante —su desarrollo, lealtad, interés y espíritu de equipo—. hay que formar gerentes en todas las áreas. Esa deberá ser nuestra primera prioridad.
6. Decisiones: la gente crece tomando decisiones y asumiendo su responsabilidad. hay que dejar muy en claro cuáles serán las decisiones que deberá tomar cada gerente y las que serán exclusivas de nosotros. Deberemos recabar toda la información y sugerencias necesarias y luego decidir a que atenernos.
7. Críticas: no debemos criticar a las personas., sino hacer una evaluación justa de sus cualidades solamente con su supervisor (o con alguien a quien se le haya asignado esta tarea).
8. Debemos detectar lo bueno en la gente y cultivar esas cualidades.
9. Ineficacia: si es imposible superarla y resulta evidente que el empleado es incapaz de hacer el trabajo, habrá que asignarle uno que sí pueda llevar a cabo o despedirlo en ese momento. No es posible postergar esa situación.
10. Hay que administrar el tiempo. Hay que hablar poco y al grano. Aprovechar todos los momentos en el trabajo. Trabajar menos horas. Muchos perdemos la mitad del tiempo.

Manual de valores familiares

11. Necesitamos delegar funciones y asumir la responsabilidad de los resultados.
12. Detalles: hay que dejar que nuestros subalternos se encarguen de ellos. Ahorrar nuestra energía para la planeación, la ponderación, el trabajo con los jefes de departamento y la presentación de nuevas ideas. No hay que hacer nada que alguien más pueda hacer por nosotros.
13. Ideas y competencia: las ideas hacen que el negocio se mantenga en marcha. Debemos saber lo que hace y planea la competencia. Tenemos que motivar a los gerentes para que piensen en nuevas formas de hacer las cosas y presentar sugerencias sobre aquellas actividades que mejorarán las operaciones. Es necesario destinar recursos para la investigación y el desarrollo.
14. No debemos hacer las funciones de nuestros trabajadores —pero sí, asesorarlos y hacerles sugerenicas—.
15. Hay que pensar de manera objetiva y mantener el sentido del humor. Necesitamos hacer que el negocio sea divertido para nosotros y para los demás.

Qué opinan los famosos acerca de la diversión, fantasía y matrimonio

Candice Bergen: "¿diversión? Mi marido y yo vemos la televisión recostados en la cama, comemos barras de granola tostada y helado de café..."

Tony Danza: "me encanta la dirección... es muy divertida. Tienes que decirle a la gente lo que debe hacer..."

Bridget Fonda: "quiero hacer películas como el abuelo Henry (Fonda). Hizo cintas tan buenas que nunca pasarán de moda. Eso es lo ideal... lo perfecto".

John Mc Enroe: "la 'Copa Davis' ya no me parece divertida... nunca pensé que me causaría tanta amargura en la vida. Se nos olvidó cuál era la meta... ganar para Estados Unidos".

John Mc Enroe: "una de las grandes cosas de la 'Copa Davis'es la de formar parte de un equipo. Es chistoso... he formado parte de varios equipos emocionantes, pero la 'Copa Davis'es verdaderamente emocionante".

Mandy Patimkin: "lo que me hace más feliz es cantar. Cuando se me da la libertad me puedo extraviar. Me siento de maravilla".

Les Paul: "la primera vez que construí un sintetizador fue en 1948, pero no lo patenté. No me interesaba el dinero, simplemente lo hacía por diversión".

George Plimpton: "siempre había tenido este sueño de sentarme en una sillita de mimbre y que alguien lanzará un cohetón al cielo y decir, 'ponle un nombre'y poder contestar, 'no, no estoy inspirado. Lanza otro'".

Isabella Rosseline: "estoy esperando a mi príncipe dorado".

Donald Trump: "me gusta hacer tratos, de preferencia grandes tratos. Así es como me entusiasmo... y si no es divertido ¿qué chiste tiene?"

Oprah Winfrey: "me gustan las papas horneadas y alguien muy especial con quien compartirlas...".

Matrimonio:

Lauren Bacall: "Hollywood es el único lugar en todo el mundo donde un divorcio amistoso significa que a cada uno de los cónyuges se le dedica 50 por ciento de la publicidad".

Mel Brooks: "no sé qué es lo que hace funcione mi esposa, pero me gustaría poder calmarla. Y finalmente, le digo la última palabra a una mujer con un enfoque más optimista".

Richard Chamberlain: "hace poco escuché a un hombre decir que se preocupaba porque si reencarnaba en perro, su esposa seguramente no volvería a nacer en forma de pulga".

Phyllis Diller: "mi matrimonio es como una luciérnaga. Se le ha apagado la luz, pero ha quedado el gusano".

Gene Hackman: "hace ya algunos años mi esposa y yo llevábamos un matrimonio abierto pero, infortunadamente, ahora está cerrado por obras de remodelación".

Bob Hope: "mi esposa me tiene fe como comediante y como amante, pero me gustaría que recordara cuándo debe dejar de reírse".

Sophia Loren: "los buenos matrimonios son como la barba del hombre. Nunca dejan de crecer a pesar de la cantidad de afeitadas al ras".

Victoria Principal: "me gusta que mis hombres se comporten como hombres; que sean fuertes e infantiles".

Vida en pareja, sentimientos de soledad
por los filósofos Robert y Jeanette Lauer

"Para cuando mi marido llega a la casa del trabajo estoy ansiosa de platicar con un adulto y sentirme acompañada", manifestó Faye, una esposa con dos hijos en edad pre-escolar a sus pies. "Pero a veces es como si tuviera que arrancarle las palabras a fuerza. Pienso que podría pasar el resto de su vida junto a mí sin nunca tener que iniciar una plática".

Tom es educado e inteligente y le interesan muchos temas, que desde los deportes hasta la política. Por qué no platica más con Faye: "a veces", responde despacio, mirando a su alrededor a las demás parejas de nuestro grupo de enriquecimiento matrimonial, las personas no hablan con los demás por la forma en que estos responden". Cuando se le presionó para que abundara en su respuesta, agrego lo siguiente: "por ejemplo, durante varios meses he estado luchando contra las frustraciones en el trabajo y pensado en las posibles alternativas profesionales. Cierta noche finalmente decidí hablar de mis preocupaciones y sueños con Faye. Le comenté que pensaba poner mi propia empresa o hasta dejar de ejercer la arquitectura definitivamente y probar una nueva carrera que me diera mayores satisfacciones. Su respuesta fue muy poco entusiasta. Me dijo que era una pésima idea ya que tenía una mujer y dos niños que mantener, que mi trabajo no era malo, que debía ocupar mi mente en cosas más productivas y dejar de soñar".

Faye se sonrojó ligeramente y admitió que sí parecía habérselo dicho. "Creo que efectivamente tiendo a desaprobar algunas de sus ideas", reconoció. "Me da miedo cuando Tom habla de que quiere hacer cambios o correr ciertos riesgos; es por eso que siempre lo estaba interrumpiendo. Creo que hasta llego a lastimarlo", concluyó.

Como muchas veces se había sentido ignorado cuando trataba de compartir sus sueños con Faye, Tom había adquirido el hábito inconsciente de platicar muy poco con ella. Por irónico que pueda parecer, Faye sabía que sus ideas no eran tan descabelladas. Simplemente se sentía insegura ante las nuevas aventuras. En lugar de hablar de sus temores con su marido, tendía a mofarse de sus ideas.

En suma, Faye violaba una de las reglas fundamentales de las relaciones humanas —hay que reconocer el comportamiento que deseamos en los demás para que lo repitan—. Cuando Faye se dio cuenta de lo que había estado sucediendo, comenzó a cambiar la forma en que se comunicaba con su pareja. Se esforzó por estimular a Tom para que compartiera sus aspiraciones. En lugar de mofarse, trataba de responder con entusiasmo y comprensión. Pero también le hizo saber que algunos de sus sueños ponían en riesgo su seguridad y la hacían sentirse ansiosa. Por lo tanto, nos dijo: "ambos nos sentimos mucho más seguros ahora al decir lo que pensamos; la comunicación nunca ha sido mejor en nuestra casa".

Debemos hacernos las siguientes preguntas:

Es un hecho que los problemas de comunicación entre Tom y Faye no son únicos. Tampoco tienen siempre una solución así de sencilla. Pero nos hemos dado cuenta de que muchas de las razones que tienen los maridos para dejar de hablar con su pareja pueden ser superadas con relativa sencillez. Para ver cómo está nuestra situación, debemos tratar de contestar las siguientes preguntas con toda la honestidad posible:

1. ¿Reconoce usted a su marido cuando inicia una plática con usted? O, como Faye, responde de una manera que no lo motivará a abrirse en el futuro? Si ha aprendido que cuando abra la boca puede ser criticado, censurado o hasta ignorado, es muy probable que nunca inicie muchas conversaciones interesantes. Se puede cambiar ese modelo modificando nuestra forma de responderle. Hay que escuchar con interés y responder con comprensión y honestidad. Es necesario decirle lo mucho que apreciamos cuando habla con nosotros.

2. ¿Espera que su marido platique con usted en el momento menos adecuado? La mayoría de las personas —y los esposos no son la excepción— tienen determinados momentos en el día en el que no tienen ganas de platicar. Tal vez tenga usted ganas de conversar en la mañana cuando lo más civilizado que su marido puede decir es un "buenos días" o es posible que desee usted comentar las noticias del día cuando ambos regresan del trabajo y todo lo que ´él desea es estar solo un momento y leer el periódico. A lo mejor a usted le gusta platicar en la cama, pero tal vez su esposo se queda dormido en cuanto apoya la cabeza en la almohada.

Consideremos la experiencia de Sarah. "Uno de los recuerdos más persistentes de mi infancia es escuchar a mi madre platicando con mi padre los acontecimientos del día antes de irse a dormir. Sus susurros y risas eran lo que más me arrullaba todas las noches. Cuando Bob y yo nos casamos yo pensaba que repetiríamos este ritual nocturno. Pero no me sentí sorprendida ni desilusionada, después de que caímos en la rutina de la vida matrimonial, al darme cuenta de que mis intentos de platicar con él antes de dormir sólo eran rematados con un "ajá" y eran seguidos por un silencio cuando se quedaba dormido. No importaba la frecuencia con la que lo intentara ni lo ingenioso de mis comentarios, nunca lograba vencer la necesidad que tenía Bob de dormir. Por esta razón me vi obligada a modificar mis expectativas. Hemos resuelto el problema levantándonos una hora antes para platicar en la mañana e ´iniciar el día´. Nuestro matrimonio y organismo se han visto beneficiados por este cambio de rutina".

3. ¿Ha trabajado usted con su pareja para crear un espacio y platicar? Uno de los problemas más comunes a los que se enfrentan las parejas es cuando tratan de encontrar tiempo para estar juntos a solas. Como nos dijeron Sue y Bill, una pareja de abogados: "nuestras agendas están tan repletas de asuntos que sólo nos vemos un par de horas al día, si tenemos suerte. Cuando finalmente estamos juntos, estamos tan cansados que no tenemos ánimo para platicar de nada profundo". Otra pareja aseguró que sus hijos se la pasaban interrumpiendo cuando estaban juntos. Para Josh y Barbara, eran sus mejores amigos quienes limitaban el tiempo que podían estar juntos—. "Jane y Stan han sido nuestros dos mejores amigos desde hace algunos años y realmente esperamos con ansia el momento de estar con ellos", nos comentó Barbara. "Sin embargo, hemos comenzado a reconocer que si pretendemos tener algo de tiempo para nosotros dos, tendremos que limitar el tiempo que pasamos con ellos". Infortunadamente, quienes no se dan tiempo para platicar, es posible que hagan que su matrimonio se desgaste poco a poco.. El matrimonio debe ser una de las prioridades fundamentales de nuestra vida. Sue y Bill llegaron a la conclusión de que estaban dando mayor atención a su carrera como abogados que a su relación de pareja y que los cimientos de su matrimonio comenzaban a resquebrajarse. Como profesionales que son, tienen fuertes presiones en cuanto al tiempo se refiere, pero también tienen derecho a algo de privacidad. Decidieron ejercerlo y reservarse algo de tiempo para fortalecer su relación como pareja. "Aunque eso signifique no avanzar al mismo ritmo que nuestros colegas en nuestros despachos. Debo admitir que no fue una decisión fácil. Pero no me arrepiento. No quiero que se vea afectado mi matrimonio. Por tal motivo, en verdad programamos el tiempo que vamos a estar juntos. Entonces, si nos llega a llamar un cliente o amigo, podemos decirle que lo lamentamos, pero que todavía tenemos asuntos pendientes que atender. Y es la verdad. Se trata de un compromiso que hemos contraído para con nosotros".

Es importante, como se dieron cuenta Bill y Sue, darse un tiempo en el matrimonio y esto significa crear espacios para platicar. Tal vez queramos darnos tiempo por la noche si decidimos apagar el televisor, descolgar el teléfono y dedicarnos media hora o más para platicar con nuestra pareja acerca de lo que sucedió a lo largo del día, sobre nuestros sentimientos acerca del matrimonio, la familia, el futuro y cualquier otro asunto que nos preocupe.

4. ¿Su marido hace conjeturas infundadas? Jack, quien se dedica a la correduría de bienes raíces, ha estado casado durante 13 años. "Nuestra relación ha llegado a un punto en que es cómoda, pero bastante silenciosa", nos dijo. "No pensaba que estábamos en problemas, pero nuestro matrimonio ha perdido la chispa que solía tener". Jack y su mujer habían cometido el error de hacer conjeturas sin fundamento: "simplemente suponíamos que cada uno de nosotros sabía lo que pensaba y sentía el otro. Por lo que no necesitábamos decir mucho". Suponer que sabemos lo que está pensando y sintiendo nuestra pareja puede realmente inhibir la conversación.

Si su marido está suponiendo eso, puede usted desengañarlo. La esposa de Jack lo hizo un día cuando le dijo, "cuando comemos fuera, siempre vamos al mismo lugar. Ya estoy harta". Jack se quedó perplejo. "Pensaba que realmente te agradaba", le dijo. "¿Por qué no preguntaste, en lugar de sólo suponer?", espetó. Una forma de comprobar si estamos haciendo suposiciones consiste en preguntar a nuestra pareja lo que piensa sobre diferentes temas. Ambos quedarán sorprendidos con sus respuestas.

Lograr que el esposo platique con su mujer es como cualquier otro problema en el matrimonio. Puede solucionarse, pero se requiere la participación de ambos cónyuges. Por esta razón, tal vez sería bueno mostrarle las cuatro preguntas. Entonces los dos podría contestarlas y platicar sobre sus respuestas. Si el hombre no se muestra dispuesto a hacerlo, hay que recordarle lo dicho por un consejero: "si no platican entre sí, no se conocen entre sí. Y si no se conocen uno al otro, no han logrado entender el propósito del matrimonio".

¿Por qué mi matromonio ha durado cuarenta años?

por Angela Lansbury

Para Angela Lansbury, la estrella de televisión de programas detectivescos, y su marido, Peter Shaw, mantener un matrimonio fresco y vivo no es ningún misterio, solamente hay que trabajar al respecto.

"Peter y yo hemos pasado por los momentos difíciles que hacen que las parejas se distancien o que se unan más", asegura la actriz, quien celebró su cuadrágesimo aniversario de bodas con Shaw este año.

"Nuestra relación es tan fuerte que nada la puede romper".

Los jóvenes de hoy, considera, se dan por vencidos muy pronto. "Para muchos, si empiezan a tener conflictos, el divorcio se convierte en la única alternativa", afirma la estrella de 64 años del programa Murder, She Wrote [Reportera del crimen].

No hay nada más estimulante que el matrimonio, pero se necesita hacer un esfuerzo permanente".

Aunque Angela asegura que Peter y ella "formaban una pareja típica de la década de los 50: el ideal de pareja de la época del extinto presidente Eisenhower", con dos hijos, una niña y un niño, y otro vástago del primer matrimonio de Peter, su vida no era como en los cuentos.

Llegaron a los límites de la desesperación en 1970 cuando su hijo, Anthony y su hija, Deidore, se hicieron adictos a las drogas. la interminable pesadilla finalmente terminó cuando la familia decidió abandonar Hollywood para establecer su hogar en la campiña irlandesa.

"Nuestros problemas podrían habernos orillado al divorcio", admite Angela.

"Pero en lugar de eso, nos las arreglamos para mantenernos todavía más unidos. Ahora no hay nada que pueda separarnos.

La actuación para mi no es ningún problema. Pero tuve que trabajar muy duro para hacer el papel de esposa y madre".

Angela generalmente programa la filmación de sus episodios para televisión a altas horas de la noche, por lo que es importante que ella y Peter —quien también funge como su administrador— puedan pasar tiempo de calidad en casa.

El momento más agradable de la semana es el domingo por la noche, cuando se sientan frente al televisor a ver su programa favorito: *Reportera del crimen*.

"Son pocos los momentos que paso a solas con mi esposo", reconoce. "Pero cuando podemos, buscamos la paz y el bienestar cuidando nuestro jardín. Esta actividad es magnífica para una pareja de casados".

"Pero no creo que haya una fórmula especial para triunfar en el matrimonio", añade con rapidez. "Ha habido ocasiones en que hemos tenidos desavenencias, pero cuando decidimos casarnos, decidimos que queríamos hacerlo perdurable. Y aún en los momentos difíciles, nunca consideramos la idea del divorcio.

"Me siento muy agraciada por haber llegado tan lejos. En casa, he tenido todo el apoyo y estimulo de Peter. Esa es la razón por la que he sido capaz de hacer tantas cosas".

¿Cómo seguir enamorados?

El amor es tema de miles de canciones, motivo de júbilo, alegría y tristeza. No encierra prejuicios, llega en cualquier momento y es totalmente impredecible. Sin embargo, aunque caiga como relámpago del cielo o se vaya fortaleciendo a través de la amistad y el respeto, para que las relaciones basadas en el amor puedan perdurar se necesita ponerles cuidado y atención.

Para el mundo ya somos una pareja, compañeros con problemas, logros y amigos — y tal vez posesiones, hogar, cama y hasta cuenta bancaria— comunes. Por supuesto que cada relación es distinta, pero las parejas comprometidas tienen una cosa en común y esta es la voluntad de superar los obstáculos emocionales que ponen a prueba hasta a la más fuerte de las parejas.

¿Cómo ser amigos y amantes?

Las parejas que realmente se preocupan de manera mutua no son simplemente amantes, sino también amigos. Reflejan las necesidades individuales dando estímulo, alivio y seguridad y recibiendo a cambio afecto, respeto y consideración. Son integradas por seres iguales, pero distintos. Cada uno de ellos acepta las debilidades y fortalezas del compañero como cualidades con las que se enamoraron y las cuales nunca tratarán de cambiar.

Por supuesto, entre más tengan en común será mejor, pero las personas que crecen juntas, avanzan juntas y desarrollan cierto parecido conforme transcurre el tiempo. Aceptar que somos personas distintas con una relación en común puede parecer evidente, pero es muy fácil olvidar que somos individuos cuando tenemos tantas cosas en común con nuestra pareja.

Entender el punto de procedencia de nuestro cónyuge y tratar de ponernos en su lugar es una forma de ver las cosas desde su perspectiva, pero habrá veces en que simplemente no entenderemos las razones por las que se comporta como lo hace. Saber cuándo debemos hacernos a un lado y dejar que nuestra pareja crezca de acuerdo con sus propias expectativas, es otra forma de pensar en sus necesidades.

Es cierto que los polos opuestos se atraen y hasta las parejas más raras pueden convertir sus diferencias en fortalezas. Por ejemplo, los individuos tímidos e introvertidos pueden convertirse en personas seguras de sí mismas con la ayuda de una pareja abierta y sociable. Pero nadie puede ser todo para alguien más y enfrentarse al mundo externo juntos es una forma mucho más emocionante de compartir que de depender totalmente del compañero para todo.

Todos tenemos problemas

Cuando el amor conduce a la convivencia mutua como pareja o como cónyuges, el lado positivo es el bienestar y seguridad que se encuentran en el hogar. Se consolidan las posesiones de cada uno de los cónyuges. Todo lo nuevo que lleguemos a adquirir es escogido para el agrado de ambos. Repentinamente, hay alguien con quien podemos acurrucarnos frente a la chimenea, que nos restriegue esa parte de la espalda adonde no llega el estropajo y a quien tomar de la mano mientras vemos una película de terror a altas horas de la noche. También se tiene a alguien a quien podamos pedir "prestado" su cepillo de dientes, 'olvida' esa cenita íntima que habíamos planeado y que nos deje sin nuestra mitad de cobertor cuando la temperatura desciende por abajo de cero.

Entonces, ¿cómo encaramos las diferencias que ponen a prueba cada relación. ¿Las mujeres simplemente deben ignorar el desgaste haciendo caso omiso de la realidad y el hecho de que el marido se desentienda de sus necesidades y se dedique a satisfacer únicamente las suyas —o deben enfrentar la realidad y hablarle de las cosas en él que la están incomodando?—

Aguantar todo para 'llevar la fiesta en paz' es algo contra lo que previene Zelda West-Meeds, terapeuta sexual y consejera matrimonial.

"Estos problemas se acumulan en un lapso de tiempo y las parejas tienden a barrerlos debajo del tapete, en lugar de enfrentarse a ellos. Todo esto provoca resentimiento conforme se va acumulando el resentimiento. La forma más recomendable de manejar esta situación consiste en darse tiempo para analizar los problemas familiares, domésticos y económicos. Debemos procurar que estas pláticas sean regulares y razonables y reducir las probabilidades de que acaben en discusiones".

Las desavenencias pueden realmente resultar muy constructivas, especialmente cuando uno, o idealmente ambos cónyuges, tratan de discutir más que confrontar el punto de vista del compañero. Somos padres no rivales y preocuparnos mútuamente es más importante que ganar puntos emocionales.

"Debemos escuchar a nuestra conciencia y tratar de ponernos en el lugar de nuestra pareja", señala Zelda West-Meeds. "¿Sonamos agresivos o molestos? ¿Provocamos a nuestra pareja simplemente para provocar una reacción en él? Es necesario utilizar frases positivas. Por ejemplo, hay que tratar de no empezar cada oración diciendo 'tú siempre...' Más bien, debemos establecer 'me cuesta trabajo aceptar...' o 'me molesta cuando...' Y tratar de hacer preguntas como estas: '¿qué puedo hacer al respecto? ¿Ayudaría si yo...?'

Este forma más positiva de enfocar las discusiones, asumiendo la responsabilidad uno mismo, hará que nuestra pareja no se sienta presionada y le permitirá responder con calma. Cuando se hacen preguntas se reduce el ritmo de la conversación, lo que significa que no tenemos que interrumpir a nuestro interlocutor ni gritar para hacernos escuchar".

Es necesario analizar las cosas

La sociedad estimula a las mujeres a mostrar amor en cientos de formas diferentes. Una mujer puede besar a su mejor amigo y mimar a sus padres aún muy entrada en la edad adulta. Se le estimula para que muestre sus sentimientos como hija, como esposa y como madre. ¿Cuántos hombres se atreverían a besar a otro en público, llorar sobre el hombro de un varón o irían a una cantina a hablar de sus necesidades con sus amigos?

Se espera que los hombres sean 'fuertes' y si externan sus dudas o inseguridades son considerados como débiles por los demás. Afortunadamente, las actitudes están cambiando gradualmente y estamos entrando en una época en que 'el nuevo hombre' es más sensible y honesto que petulante y macho. Pero no se han acabado los Rambos del mundo y su ejemplo sigue haciendo difícil que los demás hombres hagan patentes sus debilidades sin sentirse expuestos.

El diálogo es vital para toda relación, pero no siempre es muy fácil mantener abiertos los canales de comunicación. Si las esposas manifiestan su comprensión en cuanto a lo difícil que les parece a sus maridos entablar conversaciones íntimas es una forma de estimularlos a hablar, pero existen otras maneras de ayudarlos a 'abrirse'.

Deben demostrarle que pueden creer en ellas si confían en sí mismos. Admitiendo nuestras propias debilidades y dudas ayudaremos a nuestra pareja a que sienta confianza para expresar las suyas. Por ejemplo, Sé que a veces parece que soy poco razonable, pero es porque no entiendo tu actitud. Quiero hacerlo, si pudiéramos hablar más al respecto, ayudaría bastante".

Al principio, habrá muchos falsos inicios y ocasionalmente las pláticas planeadas, tranquilas y constructivas acabarán en llanto, ira y dolorosos silencios. Es inevitable cuando se empieza a manejar el material sensible de la vida. Simplemente hay que perseverar, pero no presionarnos innecesariamente.

Las mujeres sacan fuerzas explorando sus emociones, pero los hombres se inclinan más a considerar el análisis de sus sentimientos y actitudes como una amenaza.

"¿Por qué hacer tanto escándalo al respecto? Nada más hay que dejar las cosas en paz. Todos estamos en lo correcto".

Es útil tomar estas discusiones en una forma tal que no se sientan como una amenaza —tal vez haciendo referencia a una situación similar en la vida de alguien más—. Es más sencillo hacer preguntas como" ¿qué piensas al respecto?" cuando se busca un comentario que afirmar "es que simplemente no nos estamos comunicando".

Y una simple caricia a veces puede expresar más que mil palabras. Puede ser un beso en la mejilla, un apretón de manos o una palmadita en la espalda, pero un pequeño gesto puede significar desde "no te preocupes, aquí estoy" hasta "te amo". Responder a un apretón con una sonrisa o devolver un beso con un susurro íntimo es una señal de que también se quiere y aprecia al compañero.

¿Cómo hacer que el sexo no deje de ser divertido?

Al irse fortaleciendo, la pareja debe atravesar por algunas etapas. Se crece en pareja y ninguno de los compañeros sigue siendo el mismo. Tal vez el indicio más evidente de este tipo de cambios es la diferencia en la vida sexual. Quizá hayamos sido más conscientes del sexo antes de haber decidido formar una pareja, simplemente porque el sexo era algo que teníamos que practicar cuando nos fuera posible. Siempre lo habíamos pensado.

Posiblemente hacer el amor haya sido algo emocionante que se dio en un arranque de deseo o durante un idílico fin de semana en un lugar apartado —¿acaso han cambiado las cosas cuando se comparte la cama todas las noches?—.

La respuesta es no. Es posible que parezca que ha pasado la emoción de lo nuevo, pero el establecerse no tiene por qué significar 'aplacarse'. Sólo hemos descubierto formas de hacer el amor que nos resultan agradables como pareja. Todos los días estamos descubriendo cosas y, ni hablar, tenemos más tiempo para experimentar.

"Es imposible llegar a conocer las necesidades y preferencias sexuales mutuos mejor en una relación de largo plazo", asevera Zelda West-Meeds. "Tenemos todas las bases y conocimientos que se pueden derivar del respeto mutuo y depende de la pareja asegurarse de que el sexo nunca le llegue a parecer una actividad aburrida". La doctora Zelda subraya la importancia de explorar las necesidades de cada uno de los cónyuges y evitar el aburrimiento de la rutina. "Las rutinas significan que la vida en términos generales y el sexo en particular se hace predecible. Debemos hacer variaciones en cuanto a la hora, el día y los sitios donde hacemos el amor e intentar nuevas posiciones. Y cuando hemos aceptado la nueva, hay que decírselo a nuestro compañero con bombos y platillos.

Es la espontaneidad en el sexo la que termina desvaneciéndose conforme se van prolongando las relaciones en el tiempo. Es sustituido por ese sentimiento de la comodidad y afabilidad de estar en casa con nuestra pareja, de conocer al otro tan bien que ni siquiera necesitamos hablar. Caemos con mucha facilidad en las formas mutuamente agradables de hacer el amor. Sin embargo, la imaginación es una de las más grandes cualidades humanas. Todos las tenemos, pero a veces nos olvidamos de ella.

La imaginación es la inspiración que ayuda a hacer tan emocionantes los primeros e intensos días del amor, cuando fantaseamos sobre lo que hicimos la última vez que estuvimos con nuestra pareja y lo que pasará la siguiente vez que la veamos. Creamos pequeños escenarios en nuestra mente, ponemos palabras en labios de nuestro amor y tratamos de adivinar cuáles serían sus reacciones si...

Por supuesto, es una fantasía, pero enriquece la relación amorosa —y no tiene por qué morir cuando se impone la realidad, si compartimos fantasías con nuestra pareja. ¿Nuestro compañero conoce nuestros sueños y sabe cuál es la escena amorosa favorita que albergamos en la mente?

Hay que utilizar toda esa imaginación para procurar que el sexo sea espontáneo y emocionante. Podemos platicar con una mujer mayor que viva con un hombre al que todavía sigue con la mirada como han podido no dejar de sentirse mutuamente atraídos. Hay algunas parejas que intercambian miradas que les son familiares; dándose mensajes clave y recuerdan algunos lugares, algunas épocas. Una mujer aseguró que siempre saca algún recuerdo del hotel donde pasaron su luna de miel para iniciar su fantasía.

Es necesario ver hacia el otro lado

La comunicación es el elemento vital de una relación de éxito y muchas veces las parejas pueden interpretar los hechos de una manera totalmente diferente. Interrogamos a una pareja de recién casados, Sandra y Nick, sobre su relación. Nos dieron su respuesta por separado y las diferencias son muy reveladoras.

¿Qué piensa del romanticismo?

Sandra: "me encanta, pero no podría decir que Nick es un hombre romántico. Se le tiene que recordar sobre los cumpleaños y el Día de San Valentín, pero realmente no me importa que sea 'despistado' y de verdad no puedo esperar que cambie de la noche a la mañana, ¿no es así?"

Nick: "por eso me casé —porque soy un poco romántico—. No soy de aquellos que le llegan a la mujer con un ramo de flores, sino que me gusta tener a alguien con quien poder platicar".

¿Qué esperaba usted del matrimonio?

Sandra: "bueno, hay algunas cosas que ni siquiera esperaba. Soy hija única y estaba acostumbrada a que todo se hiciera en casa como a mi me gustaba. Nick proviene de una familia numerosa y en realidad no le interesa mucho el departamento ni el mobiliario. Para él, una casa es una casa".

Nick: "supongo que esperaba que mi matrimonio fuera como el de mis padres. Sé que es anticuado, pero mamá siempre se ha quedado en casa y velado por su familia y acaban de celebrar sus bodas de plata".

¿Cuál es la causa de sus disgustos?

Sandra: "no me gusta pelear, pero Nick siempre me está acusando de que lo presiono para que ayude a mantener limpia la casa y que lave los platos. Y casi no se acomide a nada".

Nick: "Sandra se pone de malas cuando hace el quehacer, pero es hija única y debo admitir que la consintieron un poco. Me gusta ayudarla con el quehacer de la casa, llevar la ropa sucia al cuarto de lavado y preparar platillos extravagantes cuando está cansada. Las cosas se ponen de verdad feas cuando peleamos. Trato de ponerme en sus zapatos, pero yo soy hombre y ella mujer y nunca he entendido la forma en que ellas piensan".

¿Se aman como antes?

Sandra: ¡por supuesto! Pero a veces Nick se puede olvidar de mí totalmente. Cuando nos acabábamos de casar ni siquiera se preocupaba de llamarme por teléfono para avisarme que iba a llegar tarde. Ahora es consciente de lo mucho que me molesta y se esfuerza más. Nick me muestra que me ama de otras maneras. Es bueno con mis papás. Puedo platicar con él acerca de mis problemas y siempre me da consejos realmente buenos".

Nick: "claro que amo a Sandra. Si no fuera así no me habría casado con ella, ¿verdad? A veces pienso que le gustaría que fuera un verdadero caballero de brillante armadura, sacado directamente de una de esas novelas románticas, pero la vida no es así. Nunca haría nada que le molestara; por lo menos, no a propósito. La esencia del matrimonio consiste en dar y recibir, ¿no es cierto?"

Es necesario saber cuáles son los riesgos

Tal vez uno de los cónyuges esté plenamente convencido de algo, pero que nunca pueda hablar de ello con los demás o llegar a cualquier tipo de arreglo. Y para evitar confrontaciones violentas, los temas tan diversos como el dinero, la suegra o las amistades pueden volverse incontrolables.

El problema de los temas delicados es que su número tiende a incrementarse hasta que la pareja difícilmente se comunica entre sí, relacionándose meramente en la forma más superficial.

La respuesta consiste en comenzar a abordar el menor número posible de temas delicados reconociendo áreas potenciales de desacuerdo y analizándolas antes de que las cosas lleguen demasiado lejos.

¿Puede usted hablar de lo que pasa en su trabajo?

Son cada vez más las parejas en las que ambos integrantes realizan una actividad remunerada y pasan más tiempo separados que juntos. Cuando llegan a casa, es posible que ambos estén cansados y de malas después de un día difícil. Es posible que nos sintamos tentados a gritar a nuestra pareja sutilezas como "no lo entenderías si te lo dijera". El trabajo se convierte en un área delicada entre nosotros, pero es tan importante, que tal vez alguien en el trabajo pueda hacerla de confidente.

¿El dinero es un área delicada?

A muchos de nosotros nos han enseñado que no es 'muy bonito' hablar acerca del dinero. Pero si comparte la vida en pareja, es importante poder hablar de finanzas con nuestro compañero.

Es posible que el resentimiento se vaya acumulando rápidamente si uno de los cónyuges está haciendo más aportaciones y habrá que modificar los arreglos a los que se haya llegado al principio de la relación para seguir el ritmo de las circunstancias cambiantes.

Los quehaceres, ¿se reparten de manera equitativa?

Cuando la mujer está recién casada o se acaba de ir a vivir con alguien, puede sentirse tentada a hacer todo por el hombre que ama. El problema es que si no ayuda a su compañera, esta puede resentirse. Se necesita hacer un gran esfuerzo para compartir y hacerlo con equidad cuando es más rápido y sencillo hacer las cosas uno mismo, pero se evitarán muchas desavenencias serias en el futuro.

¿Visitan juntos a sus respectivas familias?

Los familiares son importantes para la mayoría de nosotros y cuando llevamos una relación en serio, generalmente también tomamos en serio a los familiares de nuestra pareja. No es sencillo evitar los problemas de incompatibilidad familiar, pero si exponemos las razones por las que no nos llevamos bien con la madre de nuestra pareja —o ella con nuestra progenitora— necesitamos encontrar una forma de llevarnos bien.

¿Podemos hablar de sexo?

Las relaciones sexuales no deben volverse temas delicados, pero a las parejas les cuesta trabajo hablar acerca del sexo. Si podemos comunicarnos con nuestra pareja, las relaciones sexuales pueden ser más plenas y resultará más fácil resolver los problemas. Tal vez sea difícil expresar con palabras nuestros sentimientos relacionados con una nueva idea acerca del sexo —y quizás sea todavía más difícil comenzar a hablarle a nuestro compañero de lo que debería hacer. A muchas mujeres les preocupa que sus compañeros se sientan criticados, pero la expresión de las necesidades propias no debe tomarse como una amenaza o una molestia. Deben ser positivas —informarles cuando hacen algo que les agrada— La retroalimentación positiva genera buenos sentimientos alrededor.

¿Cuáles son las parejas que perduran?

Es muy difícil anticipar si una relación tendrá éxito o si va a fracasar, pero la experiencia de los consejeros matrimoniales y las conclusiones de numerosos estudios respecto de la ruptura matrimonial han sacado a la luz algunos factores que parecen importantes.

Los factores positivos aumentan las probabilidades de éxito. Los negativos son todas aquellas cosas que han demostrado llevar al rompimiento de las relaciones. Evidentemente, todos conocemos parejas que son muy diferentes, jóvenes casados, con diferente formación pero que se sienten muy felices. Asimismo, muchas parejas que parecen idealmente compatibles, acaban separándose. Empero, vale la pena considerar los siguientes factores positivos y negativos cuando se planea tener una relación a largo plazo.

Matrimonio entre adolescente

En todos los estudios importantes se ha llegado a la conclusión de que es menos probable que logre perdurar el matrimonio entre adolescentes. Uno de cada tres de estos matrimonios fracasa y las parejas hasta después de haber cohabitado durante 20 ó 30 años quienes se casaron siendo adolescentes siguen teniendo mayores probabilidades de divorciarse. Los cónyuges inmaduros de cualquier edad se enfrentan a problemas graves cuando tratan de hacer que funcione su relación.

Factores
   Matrimonio entre adolescentes.
   Un 'matrimonio a la fuerza'.
   Casarse para abandonar el hogar.
   Casarse por despecho.
   Un romance tempestuoso.
   Discutir de manera constante, terminar con la relación y reanudarla.
   Inmadurez emocional.
   Quedar como anillo al dedo.
   Ser inflexible e intransigente en la conducta.

Romances tempestuosos
La mayoría de las parejas que acaban casándose han permanecido 'estables' por lo menos durante un año, pero un gran número de matrimonios se deshacen en los primeros cinco años y muchas parejas se lamentan por no haberse conocido bastante bien. Las peleas constantes y, peor aún, las rupturas y los 'contentamientos' son factores negativos.

Como anillo al dedo
Aunque hay un dicho que asegura que 'los polos opuestos se atraen' existen algunos estudios que han demostrado que a la mayoría de las personas les gusta y se sienten atraídas por alguien parecido a ellas en términos de antecedentes, actitudes e ideales. Cuando se busca establecer una relación duradera, es bueno tenerlo en cuenta.

Adaptación al cambio
Para que una relación perdure, la pareja tiene que ser adaptable. Nadie es perfecto; por tal motivo, hay que ser bastante flexible como para adaptarse a la verdadera forma de ser de nuestra pareja y a los cambios que se presenten en el transcurso de una relación a largo plazo.

Existen estudios que han demostrado que las mujeres desean y pueden adaptarse más que los hombres, pero que también pueden ser más proclives a querer cambiar los patrones de conducta de sus compañeros, cayendo muchas veces en la trampa de pensar que una vez casadas, podrán cambiar las imperfecciones que antes decidieron ignorar.

¿La vida en el hogar sabotea su matrimonio?

por Marcia Rosen

1. ¿Aunque ya no le fuera posible, insistiría en seguir viviendo en una colonia en particular por *status*?
   (a) no (b) depende (c) sí

2. ¿Piensa usted que la vida en los suburbios es importante porque es el único lugar adecuado para criar a sus hijos?
   (a) no (b) tal vez (c) sí

3. ¿Se siente usted incómodo cuando las cosas no están en su lugar en la casa?
   (a) pocas veces (b) de vez en cuando (c) con frecuencia

4. ¿Estaría usted dispuesto a hacer cualquier sacrificio por mantener a su familia en una casa agradable?
   (a) depende (b) no (c) sí

5. ¿Su pareja considera que gasta usted más de lo debido en nuevos aparatos electrodomésticos y muebles para el hogar?
   (a) pocas veces (b) de vez en cuando (c) con frecuencia

6. ¿Trabaja usted tanto en la casa por las noches y los fines de semana que le queda muy poca energía para su familia?
   (a) pocas veces (b) de vez en cuando (c) con frecuencia

7. Aunque tenga usted el tiempo y la energía, ¿le parece que su casa nunca parece estar limpia?
   (a) pocas veces   (b) de vez en cuando   (c) con frecuencia

8. ¿Considera usted que aunque se siente orgulloso de su casa y le gustaría que se viera fabulosa, parece que nunca tiene tiempo de hacer las reparaciones menores necesarias para mantenerla?
   (a) pocas veces   (b) de vez en cuando   (c) con frecuencia

9. ¿Se siente usted cómodo si los amigos de su cónyuge lo visitan inesperadamente?
   (a) sí   (b) normalmente   (c) no

10. ¿Su pareja se opone a la forma en que gasta usted el dinero en la casa, aunque muchas veces sea por necesidad?
    (a) no   (b) normalmente   (c) sí

11. ¿Le gusta a usted tener muchos artefactos mecánicos en la casa?
    (a) no   (b) algunos   (c) sí

12. ¿Tiene usted mucho equipo para el hogar en el sótano que de alguna manera parece que nunca son utilizados?
    (a) no   (b) tal vez   (c) sí

13. ¿Sólo se siente usted feliz viviendo en determinado tipo de casa y en determinado tipo de colonia?
    (a) no   (b) de alguna manera   (c) sí

14. ¿Usted y su pareja están de acuerdo con el tipo de muebles que hay en su casa?
    (a) sí   (b) básicamente   (c) no

15. ¿Preferiría usted irse de vacaciones que comprar muebles nuevos?
    (a) depende   (b) a veces   (c) normalmente

Calificación

Para evaluar sus respuestas, aplique la siguiente:

1) Por cada respuesta (a) — califíquese con 3 puntos.
2) Por cada respuesta (b) — califíquese con 2 puntos.
3) Por cada respuesta (c) — califíquese con 1 punto.

Más que un techo para muchas parejas de casados, el hogar es una inversión física, financiera y psicológica. Y puede convertirse en el foco de tensiones en el matrimonio.

Si obtuvo una puntuación de entre:

35-45 Su hogar es seguro y satisfactorio para usted y su familia.
25-43 A veces permite que sus problemas personales influyan en su forma de llevar el hogar; es decir, la limpieza, el desorden, etcétera.
15-24 Tal vez esté usted sufriendo grandes tensiones en su matrimonio ante las expectativas poco racionales acerca de su casa; es decir, la limpieza, el desorden, vivir en determinada colonia, etcétera.

Impreso en:
Programas Educativos, S.A. de C.V.
Calz. Chabacano No. 65 Local A
Col. Ampliación Asturias
06850 - México, D.F.
2000 ejemplares
México, D.F. Marzo, 1996